戦略的人的資源管理の
理論と実証

―人材マネジメントは企業業績を高めるか―

小林　裕　著

文眞堂

まえがき

　組織においてヒトの管理は最重要課題の1つである。しかし，人的資源管理についての議論は，理論が置き忘れられたまま経営指南が一人歩きしている，と言われている。いや，理論が役に立たないから，一部の企業の成功例や個人の経験の方が説得力があるのだ，との反論もあろう。本書は，人的資源管理の理論が本当に役に立つのか，役に立つとすればどのような理論か，その理論は実証に耐えうるか，という問いに答えることを目的としている。ビジネス書に書かれていること，コンサルタントの語ることの根拠は何か，その理論的な基礎から考え直そうという実践家そして研究者に向けて書かれている。

　企業におけるヒトの管理は，かつては人事管理と言われ，1990年代からは欧米から入ってきた人的資源管理という用語に置き換えられ，さらに人材マネジメントとも呼ばれ，一見様変わりしてきた。そして，最新の戦略的人的資源管理論は，戦略と適合した人的資源管理システムが企業業績を高めると主張する。本当だろうか。だとするとその根拠は何か。そもそも，人的資源管理を含む経営管理は科学的研究の対象か，それとも黙って鑑賞すべき秘術か。人事や組織改革においてデータに基づく評価・改善がほとんど行われていない（大湾，2017）のは，それが難しいからか，そもそも不要と考えられているからか。

　科学的研究としての戦略的人的資源管理の理論・実証研究は，ここ30年くらいの間に質・量ともに高まり，一研究分野としての成熟段階に入ったが，同時に一時的な流行（ファド）に終わる懸念もある。実際，欧米で1960年代から1970年代にかけて盛んだった組織業績の研究がその後急激に衰えた例もある。その轍を踏まないために，また更なる発展に向けて，これまでの歩みを振り返り，課題に目をむけ，根本から自省する時期になったとも言える。戦略的人的資源管理論が限られた目的に寄与する工学的技術にとどまらず，基底的な知（Bateson, 1972）に貢献しうるかどうかが問われている。それに答えるた

めには，戦略的人的資源管理論を相対化し，分厚い組織研究の枠組の中に位置づけ直す必要がある。

本書は，序章と終章を除き，大きく理論編と実証編にわかれる。序章では，戦略的人的資源管理論の現状と課題を概観する。科学的な実証研究において人的資源管理と企業業績の関係は確認されているものの，その間の影響プロセスは理論的にも実証的にも十分明らかになっていないことを指摘する。

続く第1部理論編では，影響プロセスに関する様々な理論的なアプローチを検討する。リソース・ベースト・ビュー，サイバネティックス，ルーマンの社会システム理論，コントロールモデル，組織的公正モデルなどである。これらの理論は，戦略的人的資源管理論独自の理論というより心理学，社会学，経済学などに基礎を置く一般的な理論を応用したものである。本書でも，心理学に基盤を持ち，人的資源管理と業績の間を従業員の行動が媒介すると主張する行動アプローチに焦点を当てる。理論編最後の2つの章では，様々な理論的なアプローチに共通する問題，つまり分析レベルと企業業績概念を取り上げる。分析レベルについては，とりわけ行動アプローチについて言えることであるが，企業レベル（人的資源管理と業績）と個人レベル（従業員の行動）という異なるレベルの概念の関係を適切にモデル化する必要があることを指摘する。また，企業業績概念については，この概念が価値的，多次元的，逆説的な意味を含んでおり，それらを前提に人的資源管理との関係を検討する必要があることを指摘する。

第2部実証編では，東北地方の企業とその従業員に対して実施した調査データに基づいて，人的資源管理システムと企業業績相互の影響プロセスを実証的に検証する（次図参照）。注目した人的資源管理システムは，高業績労働システム（HPWS）の一種とされ，欧米企業で業績向上効果が確認されている「ハイ・インボルブメント」モデル（Lawler, 1986）である。まず，企業調査データの横断的分析に基づいて，「ハイ・インボルブメント」人的資源管理システムと一部の企業業績指標の間に正の関係が見られることを指摘する（第8章）。次に，同一企業で2回，ほぼ同じ内容で行った調査データの縦断的分析に基づいて，人的資源管理システムと企業業績の相関関係は，前者から後者への影響ではなく，後者から前者つまり企業業績から人的資源管理システムへの逆の影

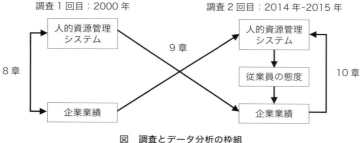

図　調査とデータ分析の枠組

響の可能性が高いことを指摘する（第9章）。最後に，ほぼ同一時点で実施された企業と従業員両調査データのマルチレベル因果モデル分析に基づいて，人的資源管理システムから企業業績への影響を従業員の態度が一部媒介するとともに企業業績から人的資源管理システムへフィードバックループが想定されることを報告する（第10章）。

最終章では，本書の要約および意義，そして残された課題を述べる。人的資源管理システムと企業業績の関係に焦点化した研究パラダイムをより広い組織研究のなかに位置づけ直すことにより，戦略的人的資源管理論の新たな展開が可能であることを指摘する。

謝辞

企業の人事担当者および従業員の皆様には，お忙しいなか質問紙調査にご協力いただきました。また，質問紙の配布・回収，およびデータの入力に当たっては，東北学院大学教養学部心理学研究室の教職員および小林ゼミを始めとする学生の皆様にお世話になりました。この場を借りてお礼申し上げます。

各章の内容は，筆者がここ15年ほどの間に雑誌に掲載した論文，学会で発表した原稿に加筆・修正したものです。この間，東北グループダイナミックス研究会，産業・組織心理学会，経営行動科学学会，組織学会のメンバーから様々な形で有意義なコメントを頂きました。妻愛子には文章のチェックを始め研究生活全般を支えてもらっています。記して感謝いたします。

本研究の一部はJSPS科研費（11630131，20530355，26380520）の助成を受

けて行われ，出版に当たってはJSPS科研費研究成果公開促進費（18HP5165）の助成を受けました。

目　　次

まえがき……………………………………………………………………… i

序章　戦略的人的資源管理論の現状と課題 …………………… 1
　1．戦略的人的資源管理とは ………………………………………… 1
　2．SHRM 論の現状 …………………………………………………… 4
　　1）戦略と HRM の連携：垂直的適合 ………………………………… 5
　　2）HRM 施策間の連携：水平的適合 ………………………………… 6
　　3）戦略としての HRM：普遍的アプローチ ………………………… 8
　3．SHRM 論の課題 …………………………………………………… 8
　　1）HRM 施策から企業業績への因果関係の検証 …………………… 8
　　2）HRM 施策が企業業績に影響するメカニズムの明確化 ………10
　　3）分析レベルと測定方法をめぐる合意形成 ………………………12

第1部　人的資源管理施策と企業業績の関係についての諸理論 ……………………………………………………15

第1章　リソース・ベースト・ビュー ………………………………17
　1．リソース・ベースト・ビューの基本的な考え方とその評価 ………17
　　1）RBV の基本的仮説と枠組み ………………………………………17
　　2）RBV への批判 ………………………………………………………20
　2．SHRM への RBV の適用 …………………………………………22
　　1）人的資源の諸領域とその相互関係 ………………………………22
　　2）SHRM における RBV の評価 ……………………………………24
　3．「HRM-FP」研究への含意 …………………………………………25
　　1）「資源」概念の見直し………………………………………………25

2）価値を生み出す資源の定義 ……………………………………… 25
　　3）コンティンジェンシー要因の検討 ………………………………… 26
　　4）時間的・ダイナミックな視点 ……………………………………… 26

第2章　サイバネティックス …………………………………………… 27

1．サイバネティックスの基本的な考え方 ……………………………… 27
　　1）情報とコミュニケーション ………………………………………… 27
　　2）フィードバックと制御 ……………………………………………… 28
　　3）因果関係の認識論 …………………………………………………… 30

2．企業組織とサイバネティックス ……………………………………… 31
　　1）制御技術としてのサイバネティックス …………………………… 31
　　2）組織学習モデルとしてのサイバネティックス …………………… 33
　　3）因果モデルとしてのサイバネティックス ………………………… 34
　　4）生態学的モデルとしてのサイバネティックス …………………… 35

3．「HRM-FP」研究への含意 …………………………………………… 35
　　1）組織学習研究との連結 ……………………………………………… 35
　　2）因果関係の再検討 …………………………………………………… 36
　　3）業績概念の見直しと拡張 …………………………………………… 36

第3章　ルーマンの社会システム理論 ……………………………… 37

1．ルーマン初期のシステム理論 ………………………………………… 37
　　1）システム概念 ………………………………………………………… 37
　　2）社会システムとしての組織 ………………………………………… 38
　　3）システムの合理性 …………………………………………………… 40
　　4）社会システムの存続条件と組織の機能 …………………………… 41
　　5）社会システムの公式化による派生的問題 ………………………… 43
　　6）組織研究法としての機能主義 ……………………………………… 44

2．「HRM-FP」研究への含意 …………………………………………… 45
　　1）業績概念の整理と統合 ……………………………………………… 45
　　2）因果的説明から機能的説明へ ……………………………………… 46

3）システムの存続に対する HRM の順機能と逆機能 ………… 46
　　　4）HRM と全体（下位）システムとの矛盾の必要性・必然性 …… 47
　　　5）HRM の成果としての動機づけと組織コミットメント ………… 48

第4章　コントロールモデル ……………………………………… 50

　1．SHRM 論におけるコントロールモデルの位置づけ …………… 50
　2．コントロール概念 ………………………………………………… 51
　3．HRM システムの次元・分類 …………………………………… 52
　4．コンティンジェンシー要因 ……………………………………… 55
　5．媒介過程 …………………………………………………………… 58
　6．企業業績 …………………………………………………………… 60
　7．日本企業の HRM システムの特質 ……………………………… 61

第5章　組織的公正モデル ………………………………………… 63

　1．組織的公正研究から SHRM 論への展開 ……………………… 63
　2．組織的公正の理論 ………………………………………………… 64
　　　1）公正概念とその次元 ………………………………………… 64
　　　2）公正をもたらす要因とその影響メカニズム ……………… 66
　　　3）公正がもたらす結果とその影響メカニズム ……………… 68
　3．「HRM-FP」研究への含意 ……………………………………… 71
　　　1）ミクロ組織行動研究とマクロ組織行動研究の統合 ……… 71
　　　2）公正概念の拡張と統合 ……………………………………… 72
　　　3）クロスレベル理論の導入 …………………………………… 73

第6章　プロセスとレベルをめぐる理論的課題 ………………… 74

　1．SHRM 論におけるプロセスとレベルの問題 ………………… 74
　2．複数のレベルを扱うモデル：ミックスレベルモデル ………… 76
　3．行動アプローチにおけるプロセスとレベルの問題 …………… 77
　　　1）役割行動パースペクティブ ………………………………… 77
　　　2）「ハイ・インボルブメント」モデル ………………………… 78

    3）コントロールモデル …………………………………………… 79
    4）組織風土媒介モデル …………………………………………… 81
    5）組織的公正モデル ……………………………………………… 83
  4．まとめと今後の課題 ………………………………………………… 84

第7章 「企業業績」概念をめぐる理論的課題 ……………………… 85

  1．「企業業績」概念の理論的・方法論的問題 ……………………… 85
  2．「企業業績」に関連・類似する諸概念 …………………………… 89
  3．「HRM-FP」研究への含意 ………………………………………… 92
    1）規範的・価値的概念としての企業業績 ……………………… 92
    2）企業業績の多次元性 …………………………………………… 93
    3）組織内部から見た「HRM-FP」研究へのシフト ……………… 93

第2部 「ハイ・インボルブメント」モデルの実証 ……………… 95

第8章 HRMポリシー，HRMシステムおよび企業業績の関係：横断的データ分析 …………………………………………… 97

  1．「ハイ・インボルブメント」モデル ……………………………… 97
    1）「ハイ・インボルブメント」モデルの理論的検討 …………… 97
    2）「ハイ・インボルブメント」モデルの実証的検討 …………… 100
  2．調査研究 …………………………………………………………… 102
    1）調査の目的：概念モデル ……………………………………… 102
    2）調査の方法 ……………………………………………………… 103
    3）調査の結果 ……………………………………………………… 105
    4）考察 ……………………………………………………………… 108

第9章 HRMシステムと企業業績の因果関係：交差遅れ分析 ……………………………………………………………………… 113

  1．「ハイ・インボルブメント」HRMシステムが企業業績に及ぼす影響 …………………………………………………………… 113

2．調査の方法 …………………………………………………………… 114
　　　1）調査1（t1：2000年）………………………………………………… 114
　　　2）調査2（t2：2014-2015年）………………………………………… 115
　　　3）データの分析方法 ……………………………………………………… 116
　　3．結果と考察 …………………………………………………………… 117
　　　1）震災からの復興状況とHRM施策の変化 ………………………… 117
　　　2）HRMポリシーの変化 ………………………………………………… 119
　　　3）「ハイ・インボルブメント」HRM施策の導入状況の変化：
　　　　　2時点の比較 …………………………………………………………… 120
　　　4）「ハイ・インボルブメント」HRMシステムと企業業績の
　　　　　相関関係：調査2の結果 …………………………………………… 122
　　　5）「ハイ・インボルブメント」HRMシステムと企業業績の因果
　　　　　関係：交差遅れ分析 ………………………………………………… 124
　　4．総合的考察 …………………………………………………………… 127

第10章　HRMシステムと企業業績の媒介プロセス：
　　　　マルチレベル因果モデル分析 ………………………………… 130

　　1．はじめに ……………………………………………………………… 130
　　2．調査の方法 …………………………………………………………… 133
　　　1）企業調査 ………………………………………………………………… 133
　　　2）従業員調査 ……………………………………………………………… 134
　　　3）データの分析方法 ……………………………………………………… 135
　　3．結果と考察 …………………………………………………………… 137
　　　1）HRMシステムのタイプ間の比較 ………………………………… 137
　　　2）仮説的因果モデルのマルチレベル分析 …………………………… 138
　　　3）総合的考察 ……………………………………………………………… 141

終章　本書の意義と残された課題 ……………………………………… 144

　　1．本書の概要 …………………………………………………………… 144
　　2．本書の意義と課題：「HRM-FP」研究を超えて ………………… 147

初出一覧……………………………………………………………… 151
資料 (1)：調査（2014-2015 年）で用いられた質問紙［企業用］………… 152
資料 (2)：調査（2014-2015 年）で用いられた質問紙［従業員用］……… 158
引用文献……………………………………………………………… 164
索　　引……………………………………………………………… 176

序章
戦略的人的資源管理論の現状と課題

1. 戦略的人的資源管理とは

　組織には，ヒト，モノ，カネ，情報，知識など様々な資源があるが，なかでも「ヒト」という資源を扱うのが人的資源管理（Human Resources Management：以下 HRM）である。「資源」という言葉には，ヒトが組織内の重要な資産であるという認識が含まれている（Schuler & Jackson, 2007）。また，組織とヒトとの「関係」に焦点を当てれば，HRM は雇用関係（employee relationship）の管理である（Boxall & Purcell, 2003）。つまり，「企業と従業員（すなわち人的資源）との関係のあり方に影響を与える経営の意思決定や行動のすべてを含むもの」である（Beer, Spector, Lawrence, Mills, & Walton, 1984）。

　HRM という用語は，人事管理（Personnel Management）に代わって，1980 年代から英語圏を中心に使われるようになった（Boxall & Purcell, 2003）。論文データベースを検索すると，人事管理は 1930 年代以降現在に至るまで一貫して使われているが，HRM は 1980 年代以降飛躍的に使用頻度が増大している。その頃から，市場競争の激化，経営過程の複雑化，エクセレントカンパニー論など，労働者の効果的な管理を重要視する圧力が高まったためである（Guest, 1995）。

　HRM が，伝統的な人事管理と異なる点が 3 つある（Guest, 1995）。1 つは，ヒトの管理に人的資源の専門家だけでなく，ライン管理者も関与するようになったことである。第 2 に，HRM の政策や戦略が事業戦略に結びつけられていることである。その場しのぎの，問題対応的な活動から，予期的・戦略的に方向づけられた役割に重点が移行した。第 3 に，企業と従業員の関係について

の価値観の違いである。伝統的な価値観が従業員の服従や統制を強調するのに対し，HRMは従業員のコミットメントと自律性を重視する。つまり，HRMは互恵的なコミットメントと高い信頼に基づく心理的契約に基づいている。さらに，4つ目として，HRMの複数の施策間の調整が必要であるとの認識が伝統的な人事管理との違いであるという指摘もある（Schuler & Jackson, 2007）。

　これら4つの視点を取り入れた概念的モデルを提示しているのが，ハーバード学派のHRM論である（Beer et al., 1984）。そこでは，上記のように従業員との関係に影響を与える経営の意思決定や行動のすべてに関わるものとしてHRMが広く定義されている。また，企業の戦略プランを達成するためには全てのHRM施策を統合する必要があるとされ，HRMシステムの4つの施策領域（従業員のもたらす影響，ヒューマンリソースフロー，報償システム，職務システム）を横断的に統合するための3つの包括的アプローチ（官僚主義的，市場的，協調的）が提示されている。さらに，これら4つの施策領域の1つである「従業員のもたらす影響」には，従業員のコミットメントを重視する価値観が表れているとともに，その領域が他の3つすべてに関わるとする点にこの学派の特徴が示されている。

　このように，HRMは人事管理よりも広い視点を持ち，それに基づく施策の進歩や統合をもたらしてきたが，他方HRMの研究は，依然として個々の人的資源活動に焦点が当てられ，統一的な理論が欠如していた（Ferris, Barnum, Rosen, Holleran, & Dulebohn, 1995）。その研究は行動科学的アプローチによって特徴づけられ，その主要な分析レベルはマクロ（つまり組織レベル）というよりミクロ（つまり個人レベル）であった。特に，心理学の分野では，マクロレベルの内的および外的環境との関連性はほとんど無視されてきた（Jackson & Schuler, 1995）。HRM研究を分析レベル（個人／集団か組織か）と施策の数（単一か複数か）で4つの下位領域に分類するとすれば（図0-1：Wright & Wendy, 2002），個人／集団レベルの単一の施策に研究が集中していた。

　HRMは，前述のとおりもともとマクロな戦略的視点を含んでいたが，それを明示し焦点化したのが，戦略的人的資源管理（Strategic Human Resources Management：以下SHRM）である。SHRMは，HRMと組織の戦略との調整・連携が必要であるという認識に基づいて「組織の目標が達成できるよう計

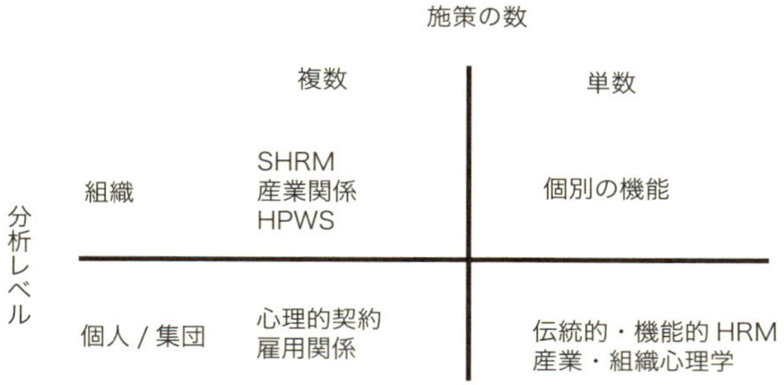

施策の数
複数
単数
分析レベル
組織
SHRM
産業関係
HPWS
個別の機能
個人 / 集団
心理的契約
雇用関係
伝統的・機能的 HRM
産業・組織心理学

図 0-1　HRM 研究の分類
(Wright & Wendy, 2002, p.250.)

画的にパターン化された」HRM（Wright & McMahan, 1992）と言える。図 0-1 で言えば，マクロレベルの複数施策を扱うのが SHRM である。

SHRM の定義は，伝統的な HRM と 2 つの点で異なる（Wright & McMahan, 1992）。1 つは，HRM 施策を組織の戦略的経営過程に結びつけることであり，もう一つは，様々な HRM 施策の間の協調や一貫性を重視することである（図 0-2）。これらは，それぞれ垂直的適合，水平的適合とも呼ばれる。

ただし，これらの 2 種の適合の重要性は，すでにハーバード学派の HRM 論に含まれていたので，SHRM はその重要性をさらに明確にした，と見ることもできる。その点で，SHRM の 3 つ目の特徴として，HRM 施策が企業レベルの業績に寄与しうるという考え方を挙げるべきかもしれない。つまり，SHRM

企業戦略
垂直的適合
HRM 施策
企業業績
水平的適合

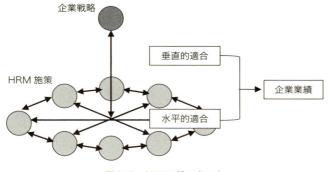

図 0-2　SHRM 論の考え方

は，企業の競争戦略の実施を支援し，かつ施策の間の相補性とシナジーを利用するHRMシステムが持続的競争優位の源泉になるという前提に立っており，その前提に従って適切に計画されたHRM施策が企業業績に直接的で有意な経済的貢献をもたらしうると考える (Huselid, 1995)。

この3点目の特徴については，学問的必然性や必要性から生まれたというより，実務的，さらに具体的に言えば，企業内でのHRMの部門や専門家の事情が背景にある。アメリカ企業の場合，HRMが組織に価値を付加していないという批判が長年繰り返され，それに対してHRMの実務家が自分達の行っていることの価値を組織の他の部署に証明したいという願望は長い歴史を持っている (Wright, Gardner, Moynihan, & Allen, 2005)。HRMが企業レベルの業績に貢献しうるという主張は，その願望を表現している (Delery & Doty, 1996)。

2. SHRM論の現状

前述のSHRMの定義から，学問的・科学的研究としてのSHRM論の課題は，「組織の目標が達成できるよう計画的にパターン化された」HRMとは何かという問いに理論的に答え，そのようなHRMが実際に企業業績を高めるかを実証的に検討することである。その課題をさらに具体化すれば，(1)目標達成に役立ち，戦略に適合したHRMとは何か，(2) HRM施策をどのようにパターン化すれば相互に適合的か，という2つの問いに分けられる。つまり，垂直的適合と水平的適合の内容を明確化・詳細化することである。そして，これまでのところ，SHRM論は，垂直的適合に焦点を当てる立場，水平的適合に焦点を当てる立場，どちらも重視しない立場の3つに大きく分類される。3番目の立場は，SHRMの基本的な考え方を受け入れていないので本来SHRM論に含めるべきではないが，3種類の立場の違いは焦点を当てる程度の差にすぎず，また3番目の立場は施策そのものの戦略性に注目していることから，ここでは，3つ目の立場を含めて概観することにする。

1）戦略とHRMの連携：垂直的適合

　HRM施策を組織の戦略的経営過程にどのように結びつければ企業業績に貢献するか，つまり企業の戦略の実施を助けるHRM施策とは何か，を考える上で中心となるのが，戦略コンティンジェンシー理論である。そこでは，HRM施策の企業業績への影響が戦略によって異なるという前提に基づいて，組織の戦略とHRM施策の「適合（fit）」や「組み合わせ（matching）」のモデルが数多く生まれた（Welbourne & Andrews, 1996）。戦略が先に決定され，その実施のための手段がHRMであるという点で，上位の戦略に対して下位のHRMをいかに垂直的に適合させるかが問題になる（図0-2参照）。

　垂直的適合のモデルのなかで，戦略とHRMの連結の根拠を従業員の役割行動に求めるのが，役割行動パースペクティブである（Schuler & Jackson, 1987; Jackson & Schuler, 1995; Snell, 1992; Wright & McMahan, 1992）。そこでは，戦略の実施にとって必要な役割行動が異なるので，その行動を引き出しコントロールするHRM施策もそれに応じて異なると考える（図0-3）。人的資源には，組織を構成する個人の持つ知識・技能・能力（KSAs）と従業員の行動という2つの側面があるが，個人の特性は従業員の行動を通じて利用されない限り企業に価値をもたらさない（Wright, McMahan & McWilliams, 1994）。その点から，役割行動パースペクティブでは，企業の戦略と業績の関係を媒介するものとして従業員の技能よりもその行動に焦点を当てている（Shuler & Jackson, 1987）。

　役割行動パースペクティブに基づく戦略とHRM施策の適合関係のモデルとしては，Miles & Snow（1984）のそれが代表的である。そこでは，事業戦略のタイプが保守型，投機型，分析型に分類され，それぞれに応じて人的資源部門の戦略的課題が，蓄積（building），確保（acquring），配分（allocating）に

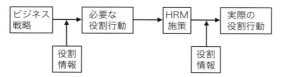

図0-3　役割行動パースペクティブ
（Wright and McMahan, 1992, p.304を一部改変。）

なる，とされている。また，Schuler & Jackson（1987）は，革新，品質改善，コスト削減，という3つの競争戦略に適合的な役割行動のプロフィール（「繰り返し的・予測的－創造的・革新的」，「短期的視点－長期的視点」など12の次元上で描かれる）を提示した。

役割行動パースペクティブについては，様々な批判が向けられている。例えば，HRM施策の「内的適合」を作り出す方法が不明確であること，記述的理論か規範的理論かの区別が曖昧であること，という2つの問題である（Snell, 1992）。つまり，個々の施策をどのように組み合わせれば相互に適合的であるかが明確でない，そして，戦略と施策の垂直的適合の合理性は理解できても，役割行動がそれらを媒介しているという証明がない，ということである。その他，従業員の行動がHRM施策と企業業績を媒介することがわかったとしても，行動を媒介しない直接的効果もありうるという指摘もある（守島，1996; Fey, Bjorkman & Pavlovskaya, 2000）。雇用削減が企業の労務コストを減らし，短期的には利益率を向上させる場合がそれに当たる。

ただし，役割行動パースペクティブの理論的なモデルに基づいてはいないものの，戦略とHRM施策の適合関係を実証的に検討した研究がいくつか見られる。例えば，Arthur（1992）は，アメリカの小製鉄所（minimill）を単位とした調査の結果，事業戦略と雇用関係のクラスタ（タイプ）の間に「戦略的選択」を示す関係を報告している。また，Youndt, Snell, Dean, & Lepak（1996）は，製造工場を単位とする調査の結果，人的資本向上志向のHRMシステムが質的な製造戦略と結びついた時オペレーション上の業績を高めるという適合関係を見いだした。ただし，Huselid（1995）の調査では，企業レベルの業績に対する高業績労働施策群（high-performance work practices: HPWPs）と競争戦略の交互作用つまり適合関係は確認されなかった。

2）HRM施策間の連携：水平的適合

HRM施策を相互に適合させることの有効性や必要性は，システムズアプローチという名前で古くから指摘されている。例えば，参加的経営論（Likert, 1961; 1967）では，管理システムのあらゆる側面は相互に作用しあうものなので，それらを同時にかつ一貫したやり方で変革すると1つだけ変化させる時と

は全く異なる結果を生み出すとされている。

また，参加的経営論の流れを汲む「ハイ・インボルブメント」モデル（Lawler, 1986）でも，参加的プログラムの有効性は，報酬・権限・知識・情報の4つの資源を同じ方向（つまり従業員側）に一貫して移行させるかどうかで異なり，4つの乗算的な関係で計算される，つまり4つがそろえば相乗効果を発揮する一方，どれか1つでも0の場合すべて0になる，とされる。実証データでも，「ハイ・インボルブメント」施策群の企業業績への効果が確認され（Lawler, Mohrman & Ledford, 1995; Bae & Lawler, 2000; 小林，2001a），「コミットメント極大化」クラスタのHRMシステムが工場のオペレーションレベルの業績を高めることも実証されている（Arthur, 1994）。

さらに，「ハイ・インボルブメント」モデルや「ハイ・コミットメント」モデル（Wood & Menezes, 1998）を包含する高業績労働システム（high-performance work systems: HPWS）（Appelbaum, et al. (eds.), 2000）にも，HRM施策が「束ねられた（bundled）」時に有効性が高まるという主張が見られる（Boxall & Purcell, 2003）。また，高業績労働施策群（Huselid, 1995），革新的HRM施策群（MacDuffie, 1995; Ichniowski et al., 1997），「正道の（high-road）」HRM施策群（Michie & Sheehan-Quinn, 2001）などの相互補完的なシステムとしてのHRM施策群が，企業レベルの業績と関連することが実証データに基づいて明らかにされているが，革新的HRM施策の個々の業績向上効果を認めながら施策間の相補性の効果を否定している研究もみられる（Delaney & Huselid, 1996）。

施策間の連携の必要性を主張する考え方のなかでも，特に施策間の相互補完性や非線形的なシナジー効果・高次交互作用効果を強調するのが，形態（configrational）アプローチである（Delery & Doty, 1996）。そこでは，全体論的な視点に立って，最大限の有効性をもたらす内的に一貫した施策群の形態または独特のパターンまたは，雇用システムを見いだそうとする。例えば，Delery & Doty (1996) は，市場タイプと内部タイプという2種類の雇用システムの理念型を提示した上で，市場タイプに近い組織の業績が高いことを実証的に明らかにし，形態的適合アプローチを支持する結果を見いだしている。

3）戦略としてのHRM：普遍的アプローチ

　戦略とHRMの垂直的適合では，戦略に合わせてHRM施策が決定される，つまり戦略の実行を助けるのが施策の役割とされるが，逆にHRM自身が戦略になる，またはHRMが戦略の形成に貢献しうるという考え方もある（Allen & Wright, 2007）。このように，組織全体の業績に関連する施策は戦略的HRM施策と呼ばれる（Delery & Doty, 1996）。それらの施策の効果は，文脈や他の施策との特定の関係が前提条件とされず，個々の施策をより多く使えば使うほど業績が高まると考えられている。コンティンジェンシーアプローチや形態アプローチと対比して，普遍的アプローチ，「ベスト・プラクティス」アプローチなどと呼ばれる。また，前述の高業績労働施策も「ベスト・プラクティス」アプローチに含まれるとする見方もある（Delery & Doty, 1996）。

　戦略的HRM施策つまりベスト・プラクティスのリストは，いくつか提案されている。例えば，Delery & Doty（1996）は，それまでの理論的研究で共通に戦略的と見なしうる7つの施策（内部キャリア機会，公的訓練システム，評価測度，プロフィットシェアリング，雇用保障，発言の仕組み，職務規定）を確認した。また，Pfeffer（1998）は，人材重視戦略という名前で，企業業績を高める7つの条件（雇用保障，徹底した採用，自己管理チームと権限の委譲，高い成功報酬，幅広い社員教育，待遇の平等化，業績情報の共有）を提案している。また，O'Reilly & Pfeffer（2000）も，企業の価値観を体現するための6つの「テコ」（強烈な個性の企業文化，適材の雇用，社員への投資，広範囲に及ぶ情報の共有，チームを基礎とするシステム，報酬と評価）を相互の一貫性と整合性を前提としながら列挙している。

3. SHRM論の課題

1）HRM施策から企業業績への因果関係の検証

　これまでの研究で，HRM施策と企業業績の間には有意な相関関係があることは実証されているが，因果関係とその方向は明らかになっていない。例えば，Wright et al.（2005）は，HRM施策と企業業績（Firm Performance：

FP）の関係を検討した実証的研究（以下，「HRM-FP」研究）が 1990 年代以降増加したことを指摘し，その種の文献 68 件のレビューを行った結果，(1) すべての研究が HRM 施策と業績の有意な関係を報告している，(2) ほとんどが因果的結論を論理的に引き出すことができないような研究デザインを用いている，(3) 逆の因果順序を検証したものは極めてまれである，と述べている。また，Wright et al. (2005) は，自分達の行った 1 企業 45 事業単位のデータに基づいて HRM 施策と業績に有意な相関関係があっても因果関係が見られないことを指摘している。

　HRM 施策から企業業績への因果関係がなくても相関関係が成り立ちうるいくつかの可能性がある（Wright & Gardner, 2003; Wright, et al., 2005）。1 つは，施策が業績に影響するのではなく，業績が施策に影響するという「逆の因果関係」仮説である。例えば，企業が収益を高めた結果 HRM 施策に投資を行うという場合である。これは，HRM 施策への投資が業績を高めるという信念や戦略的な選択に基づいて行われることもあるが，増加した富をめぐる取引や交渉の結果従業員の取り分が賃金や教育訓練の機会を通じて再分配されることもある。逆に言えば，企業業績の急激な低下への反応として HRM システムが変化する場合がある（Argyris, 1957; Morishima, 1995）。

　第 2 の考えられる説明は，相関関係が何らかの真の関係から生じるのではなく，組織調査の回答者の暗黙の理論から生じるという「暗黙の理論」仮説である。業績を知っているとそれに応じて施策への評価が異なるかもしれない。高業績の組織はその原因を経営の方針や決定の質に求めやすく，そのため低業績組織の回答者よりもより好意的に経営施策を記述することが考えられ，このことは高業績企業を選び出してからその企業の施策が「正しく行われている」ことを確認する研究者にも当てはまる（Gerhart, 1999）。この仮説は他の分野でも確認されているので（Wright & Gardner, 2003），「HRM-FP」研究でも一定の説明力を持っているかもしれない。

　もう一つの可能性は，第 3 の変数が両方の変数に影響しているという「表面的」関係仮説である。例えば，優れたリーダーシップや組織文化などの組織的要因が第 3 の変数になりうる。また，上記の「暗黙の理論」仮説は回答者自身の要因が第 3 の変数になりうることを示している。独立変数と従属変数を同一

時点で同じ人間から自己報告させる場合，とりわけ両変数とも評価が関わっている時システマティックな測定誤差が生じるが（Gerhart, 1999），その原因は回答者の感情状態が両方の評価に影響しているからかもしれない。いずれにしても，これらの仮説のどれが当てはまるかの検証は，横断的研究ではなく，縦断的な研究デザインを必要としている。

広い意味での「HRM-FP」の因果関係の検証には，HRM施策と戦略との垂直的適合や施策間の水平的適合の実証も含まれる。これらについてはいくつかのモデルが提案されているが，どれが有効か一致した見方があるわけではない（Wright & Gardner, 2003）。また，垂直的適合の効果については一貫した支持があるわけではない（Wright & Sherman, 1999; Allen & Wright, 2007）。どのような適合関係が企業業績を高めるかについて，今後経験的検証がさらに蓄積される必要がある。その際，3）で詳述する分析レベルや測定といった方法論的な問題が，経験的研究の結果の非一貫性をもたらしている可能性があるので（Wright & Sherman, 1999; Panayotopoulou, Bourantas & Papalexandris, 2003），その問題も同時にクリアする必要がある。

そこで，本書では，実証編で，交差遅れ分析（第9章），マルチレベル因果モデル分析（第10章）という2つの方法を用いて，「HRM-FP」の因果の方向性の検証を行う。

2）HRM施策が企業業績に影響するメカニズムの明確化

SHRM論では，HRM施策が企業の成果に影響する具体的メカニズムについて合意が存在しない（Wright & Gardner, 2003）。具体的メカニズムとは，HRM施策と企業業績の間の「ブラック・ボックス」で何が起こっているかということであるが，両者の媒介変数となるものは何か，媒介変数として小さいボックスを何個含める必要があるか，等についての合意はない（Wright & Gardner, 2003）。上記のSHRM論の主要な2つの見方，つまり戦略的（コンティンジェンシー）パースペクティブもシステムズ（形態的）パースペクティブもHRM施策が企業レベルでの望ましい成果をもたらしうることを示しているものの，そのような成果が生まれる過程について述べていない（Bowen & Ostroff, 2004）。

そこで,「ブラック・ボックス」問題の解明には,新たな理論的アプローチが必要となるが,そのためには,既存の理論を再検討するだけでなく,幅広く理論的な可能性を他の学問分野に求めるのがよいであろう。その点では,SHRM論の分野は,社会学,経済学,経営学,心理学などの学問分野から様々な理論の援用・応用がなされている（Wright & McMahan, 1992; McMahan, Virick, & Wright, 1999）。例えば,Wright & McMahan (1992) は,HRM施策の戦略的・非戦略的決定因の両方を理解するのに有益な6つの理論的モデル（行動アプローチ,サイバネティックモデル,エージェンシー／取引コストモデル,リソース・ベースト・ビュー,権力／資源依存モデル,制度理論）を挙げ,それぞれの理論が,戦略,HRM施策,人的資本プール,人的資源の行動のどの関係に焦点を当てるかを示している（図0-4）。

　リソース・ベースト・ビューは,戦略,HRM施策,人的資本プールの関係に主に焦点をあて,行動アプローチは戦略,HRM施策,人的資源の行動がどのように相互関係を行っているかに主に関係し,サイバネティックスおよびエージェンシー／取引コストモデルは戦略,HRM施策,人的資本プール,人的資源の行動の間の関係を検討しようと試み,資源依存および制度理論は政治的および制度的要因がHRM施策に及ぼす影響を検討する。

　他方,これら様々な学問分野からの理論的応用は,HRM施策の決定因や成果を明確化する上で一定の価値があるものの,HRMの企業業績への影響メカニズムやプロセスを明確化する上で限定された価値しかない（Wright &

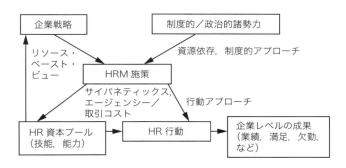

図0-4　戦略的HRM研究の理論的枠組
（Wright & McMahan, 1992, p.299.）

Gardner, 2003）という批判もある。影響メカニズムやプロセスの理論的な解明が本書の中心的なテーマなので，これまで提案された理論的アプローチに目を向けるだけでは十分とは言えない。

そこで，本書では，これらの理論のなかでも組織業績に関係する要因に焦点を当てている理論を再検討するとともに，新たなアプローチを探ることにした。まず，次章では，既存のアプローチとして，リソース・ベースト・ビュー（第1章）およびサイバネティックス（第2章）を取りあげる。続いて，新たな可能性を持ったアプローチとして，ルーマンのシステム理論（第3章），そして，人間行動をモデルに導入する広い意味での行動アプローチに含まれるモデルとして，コントロールモデル（第4章），組織的公正モデル（第5章）を取り上げ，第7章において，影響メカニズムやプロセスの問題に対するこれらのアプローチの有効性と限界をまとめることにする。また，そこから得られた示唆に基づいて，実証編で「ハイ・インボルブメント」モデル（第8章～第10章）を取り上げ，調査データに基づいた影響メカニズムやプロセスの検討を行う。

3）分析レベルと測定方法をめぐる合意形成

「HRM-FP」研究における方法論的問題の1つは，適切な分析レベルについて合意が存在しないことである（Wright & Gardner, 2003）。「HRM-FP」研究における分析レベルには，企業，事業単位，工場などがある。「HRM-FP」の関係を検討した29件の研究をレビューしたRoger & Wright（1998）によると，それらの研究に含まれる個々の「HRM-FP」の関係80件のうち，最も多かったのが企業レベル（56件），ついで工場レベル（19件），最も少なかったのが事業単位レベル（5件）だったが，必ずしも企業レベルが適切であるとは限らない。この問題を検討したWright & Gardner（2003）は，各レベルにはそれぞれ利点と欠点があり，別々の問いに答えるようになっているので，各研究者が特定の研究課題に応じて，慎重に分析レベルを選ぶ必要がある，と指摘している。

分析レベルに関してはもう一つ別の問題がある。それは，上記2）の影響プロセスに関わることで，企業・事業単位・工場などのレベルのHRM施策が企

業業績に及ぼすマクロレベルの影響プロセスに，暗黙にミクロレベルの個人特性が仮定されているとすると（Bowen & Ostroff, 2004），分析も複数レベルにまたがることになる。つまり，企業のHRMはまず個人の特性や行動に影響し，次いで個人特性や行動が企業業績に影響する，というプロセスを想定すると，マクロ・ミクロ両方のレベルが影響に関わっているので，分析も両レベルを含む必要がある。これは単に，データの測定や分析という方法論的問題にとどまらず，複数レベルに亘るプロセスをどのように想定するかという理論的な問題にも関わっている。そこで，本書では，このような理論的な視点を含めて「レベル」問題と呼び，詳細に検討することにした（第7章）。

「HRM-FP」研究における3つ目の方法論的問題は，HRM施策や企業業績の測定方法についての合意が存在しないことである（Wright & Gardner, 2003）。これは，HRM施策や企業業績という概念の操作化に一貫性がないということであり（Wright & Sherman, 1999），さらに言い換えれば，構成概念的妥当性，つまり「構成概念（ある変数の概念的定義）とそれを測定・処理する操作的手続きの一致」（Rogers & Wright, 1998）の問題でもある。概念的妥当性が測定論的問題と理論的問題の接点であるとすれば，HRM施策や企業業績の測定方法の問題は，方法に限定されない理論的問題でもある（Bacharach, 1989）。特に，業績概念の定義と測定の問題は，「HRM-FP」研究のこれまでの成果を疑問視させ，正当性を阻害している（Rogers & Wright, 1998）。

実は，企業業績に対する学問的関心はSHRM論が初めてではない。組織業績研究は1960～1970年代に盛んに行われた。それが1970年代中ごろ以降急速に衰えたのは，上記のような業績概念と測度をめぐる問題が原因であった（Meyer & Gupta, 1994）。SHRM論はまさにこの「業績問題」に直面している。そして，SHRM論が過去の業績研究と同じ運命をたどらないためにも，業績概念をめぐる問題の解決が必要である。そこで，本書では「企業業績」概念を集中的に検討することにした（第8章）。

第1部
人的資源管理施策と企業業績の関係についての諸理論

第1章
リソース・ベースト・ビュー

1. リソース・ベースト・ビューの基本的な考え方とその評価

　リソース・ベースト・ビュー（Resource-Based View of the Firm：以下RBV）は，SHRMの主要な理論として常に挙げられる（Wright & McMahan, 1992; Jackson & Schuler, 1995; 蔡, 1998; McMahan, et al., 1999; 岩出, 2002）。RBVは元々経営戦略論の分野で発展したが，SHRMにも適用され1990年代以降その存在が大きくなった（Boxall & Purcell, 2003）。そして，「HRM-FP」のメカニズムについても，RBVが重要な考え方を提供している（Kaufman, 2010）。
　そこで，本章では，まずRBV学派のなかで最も影響力のある理論家の1人であるBarneyの2つの著作（Barney, 1991; 2002）を中心にその基本的な主張を整理し，次にそのSHRMへの適用について述べ，最後に「HRM-FP」問題についてのその理論的含意を検討する。

1) RBVの基本的仮説と枠組み
　RBVは，企業毎に異質で複製に多額の費用のかかる経営資源に着目し，こうした経営資源を活用することによって，企業は競争優位を獲得できると考える（Barney, 2002）。このような考え方は，戦略的経営理論のなかで主流ではなかったが，1980年代後半から競争優位の源泉を説明する主要な思想として決まって取り上げられるようになり，戦略論のテキストで1980年代に支配的立場にあった市場志向モデルに拮抗する勢力となった（Boxall & Purcell, 2003）。
　RBVの意義は，内的資源の持つ戦略的重要性を気づかせることによって市場（外的次元）に傾きがちだった戦略研究のバランスを取り戻したことである

(Boxall & Purcell, 2003)。戦略問題は，内的（強み，弱み）と外的（機会，脅威）の2つの次元を持ち，これらをもとにした分析（SWOT分析）の枠組みが1960年代以降使われてきたが，その枠組みで言えば，RBVは内的次元に焦点を当てている（図1-1：Barney, 1991; 2002）。

RBVは，企業の内部資源によって競争優位を説明する際，(1)同じ産業に属していても企業のコントロールする経営資源は相互に異質である，(2)これらの資源は企業間で完全には移動しないので，異質性が長く続きうる，という2つの仮定を設ける。つまり，RBVは経営資源に関するこれらの2つの仮定（異質性 heterogeneity と固着性 immobility）が成立する時にのみ競争優位が生じうる，と主張する（Barney, 1991; 2002, Wright, et al., 1994）。

RBVでいう企業の経営資源とは，「すべての資産，ケイパビリティ，コンピタンス，組織内のプロセス，企業の特性，情報，ナリッジなど，企業のコントロール下にあって，企業の効率と効果を改善するような戦略を構想したり実行したりすることを可能にするもの」(Barney, 2002) である。伝統的な戦略分析の用語では，企業資源は戦略を考え，実行するために使うことのできる「強み」である（Barney, 1991）。経営資源は一般に3つのカテゴリー（物的資本，人的資本，組織資本：Barney, 1991），ないしは財務資本を加えた4つのカテゴリーに分類される（Barney, 2002）。ここで，物的資本とは，企業内で用いられる物理的技術，企業が所有する工場や設備，企業の地理的な位置（立地），原材料へのアクセスなど，人的資本とは，人材育成訓練，個々のマネージャー

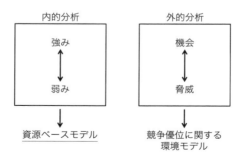

図1-1　戦略の「強み-弱み-機会-脅威」分析：資源ベースモデルと環境モデルの関係
(Barney, 1991, p.99.)

や従業員が保有する経験・判断・知性・人間関係・洞察力など，組織資本とは，企業内部の公式な報告ルートを反映した組織構造，公式・非公式の計画・管理・調整のシステム，企業内部のグループ間での非公式な関係，自社と外部の他企業との関係など，財務資本とは，起業家自身の資金，出資者からの金銭，債権者からの金銭，銀行から借り入れる金銭などを意味する（Barney, 2002）。

　企業の経営資源は，それらに価値がある時にのみ，競争優位と持続的競争優位の源泉となる（Barney, 1991）。前述のとおり，資源は，企業がその効率性と有効性を改善する戦略を考え，実行することを可能にさせる時，価値を持つ。SWOT 分析の「強み－弱み－機会－脅威」枠組みによれば，企業はその戦略が機会を利用し脅威を無力化する時にのみその業績を改善できるので，企業特性はそれらが企業環境における機会を利用するか脅威を無力化する場合にのみ資源となる。

　しかし，価値ある企業資源であっても数多くの競合するまたは潜在的に競合する企業に保持されているものは，競争優位の源泉になりえない（Barney, 1991）。つまり，競争優位の源泉となるためには，資源は価値だけでなく，希少性も持たなければならない。

　さらに，競合企業がこの戦略の利益を複製できない時，企業は持続可能な競争優位を持つ（Barney, 1991）。企業資源の模倣が完全にできない場合とは，以下の３つのどれかまたはその組み合わせである。(1) その資源を獲得する企業の能力が独特な歴史的条件に依存している，(2) 企業の保持する資源と企業の持続的競争優位の間の因果関係が曖昧である，(3) 企業の優位性を生み出す資源が社会的に複雑である（Barney, 1991）。つまり，持続的な競争優位は企業が競争優位を得ている時間的な期間を意味するわけではなく，競争的複製の可能性に依存している（Barney, 1991）。

　以上まとめると，企業資源が持続的競争優位の潜在力を持つためには，以下 ４つの特性が必要である（Barney, 1991）。(1) 企業環境における機会を利用し，または脅威を無力化するという意味で，価値を持たねばならない。(2) 企業の現在のそして潜在的な競争相手のなかで希少でなければならない。(3) 完全な模倣が可能であってはならない。(4) 価値があっても希少でも模倣困難でもな

図 1-2 「資源の異質性と移動不可能性→価値，希少性，非模倣可能性，代替可能性→持続的競争優位」の関係

(Barney, 1991, p.112.)

い，戦略的に同等の代替物が存在してはならない。

　経営資源が異質性と移動不可能性を持つという前提の上で，その資源が価値（Value），希少性（Rareness），模倣困難性（Imperfect Imitability），代替可能性（Substitutability）（のなさ）という特性を備えれば，持続的競争優位に貢献する，という関係は，図 1-2（Barney, 1991）のように示すことができる。また，代替可能性（のなさ）は，企業が保有する経営資源やケイパビリティがその戦略的ポテンシャルをフルに発揮するように組織されていることを意味する組織的特性（Organization）に置き換えられ，4 つの特性の頭文字をとって VRIO フレームワークとも呼ばれている（Barney, 2002）。

2）RBV への批判

　前述のように，戦略研究で RBV は広く受け入れられてきたが，その一方で批判的な意見もみられる。例えば，Priem & Butler（2001a, b）は，RBV から直接的に得られる独自の洞察は少なく，現状の RBV は競争優位の理論として多くの問題を持っているという。

　1 つ目は，RBV の重要な概念の定義が同義反復である点である（Priem & Butler, 2001a, b）。例えば，「もし資源に価値があり，希少であれば，競争優位の源泉となりうる」という競争優位に関する基本命題において，「価値がある」および「競争優位」が同じ言葉で定義されるのであれば，論理的に（つまり同義反復的に）当然真実である，ということになる。価値ある資源が，効率性および / または有効性を高めるものと定義され，競争優位が効率性および / また

は有効性を達成するものと定義されるなら、同義反復が存在する。確かに、Barney（2002）のなかで、企業の経営資源に価値があると認められるのは、「コストが減少するか……売上げが増大するか」のどちらかとされる一方、「標準的な経済的利益を生んでいる企業は……競争優位を保持している」と規定されている。同義反復とは論理的に正しい関係の言明であるので、このような命題は定義によって真となる。したがって、経験的な検証ができない、つまり誤りの証明ができない。RBVの言明が経験的な内容をもつことを意図しているとすれば、概念の定義に関する研究をさらに行い、どのような条件下でどのようなパターンが得られた時に理論が論破されるのかを示す必要がある。

2番目の問題は、理論の基本となる「価値」変数がRBVにとって外生的である、ということである。つまり、モデルの中でその値が決定されるのではなく、モデルが内生変数の動きを説明しようとするとき所与の値とされている。RBVにおいて、「企業環境における機会を利用し脅威を無力化する場合」（Barney, 1991）に資源が価値を持つとすれば、各企業資源によって保持された価値の程度を決めるのは、機会と脅威を通じた市場環境であり、したがって資源の価値は外生的な要因によって決定されることになる（Priem & Butler, 2001a）。以上の価値の外生性の問題と、上記1の同義反復の問題を併せて考えると、RBVはどのように価値を創造するか、つまり「価値の確定」ができない状態にある、ということである。従って、今のところ、RBVは競争優位つまり価値創造の理論にはなっていない（Priem & Butler, 2001a）。

3番目の問題は、RBVの場合他の戦略理論と比べて、理論の適切な文脈を確定しようとする努力がほとんどなされていないことである（Priem & Butler, 2001b）。Barney（2002）は、業界の競争ルールが比較的安定している限りでのみ戦略選択に役立つという点をRBVの限界として指摘しているが、理論そのものはもちろん、理論が当てはまると期待される文脈を同定することも同じくらい重要であるとすれば、文脈に関する議論が更に深められるべきかもしれない。

4番目の問題は、資源がいつ、どこで、どのように有益であるか、つまり戦略研究における「いかに」またはブラックボックスの問題に十分な注意が向けられていないことである（Priem & Butler, 2001b）。これは、理論的問題であ

るとともに，実務家にとって実行可能な規範としての経営手段が与えられていないことを意味する。また，企業に関する事実上すべてが資源になりうるということは，一部の資源（たとえば，暗黙知：Polanyi, 1966）は実践家には測定も操作も本来的に困難である，ということを示唆する。Barney（2002）自身もRBVの限界として，この問題を企業内部の情報にアクセスすることの難しさとしてとりあげている。

2. SHRMへのRBVの適用

1）人的資源の諸領域とその相互関係

RBVをSHRMの分野に明示的に適用し，概念的検討を行っているのが，Wright et al. (1994; 2001) である。Wright et al. (1994; 2001) は，持続的な競争優位をもたらす人的資源についてSHRM研究者の間で一定の合意が形成されているとして，以下3つの要素をあげ，それら相互の関係についても述べている（図1-3）。

1つ目は，人的資源プールで，これは一定の時点で企業内に存在する従業員の技能のストックを意味する。戦略実行の際最も直接的な手段が従業員の行動であるとしても，従業員は行動を発揮するために必要なコンピテンシー（知識・技能・能力：KSA）を持たねばならない。高いレベルの（一般そして／

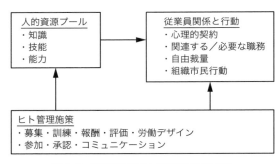

図1-3　戦略的HRMの基本的要素モデル
(Wright et al., 2001, p.706.)

または企業特殊な）技能を持つか，または，企業内に存在する技能と戦略的に必要な技能との間のよりよい調整を達成するか，どちらかの方法で人的資源のプールを開発する必要性がある。

2つ目が，従業員の行動である。従業員は自由意思をもった認知的・感情的な存在なので，競争優位を達成するためには，人的資源プールのメンバーが個人的および集合的に企業に利益を与える行動に携わることを選択する必要がある。そこで，人的資源プールの技能とは別に，従業員の行動が人的資源の重要な要素となる。個人の持つKSAは必要であるが，従業員行動を企業目標と一致させるにはそれだけでは不十分である。

3つ目は，より広い意味で，ヒトを管理するシステム（people management system）である。システムという用語を使うのは個々の施策より複数の施策の組み合わせが重要だからであり，人的資源（HR）よりもヒト（people）という用語を使うのは，人的資源機能でコントロールできないもの（例えば，コミュニケーション，労働デザイン，文化，認知，態度）に関連する施策をも含めるためである。

持続的競争優位のためには，これら3領域（人的資源プール，行動，ヒト管理システム）すべてで優位な位置を獲得する必要がある（Wright, Dunford, & Snell, 2001）。3つの領域は相互に関連を持っているからである。まず，人的資源プールの技能がないと特定の行動は実現できないし，技能の価値は行動を通してのみ表現されるので，技能の生み出す価値と行動の生み出す価値は組み合わせる必要がある。第2に，最高度の技能を持ち，かつ最適な行動を示す企業の人的資源プールは，連携されたヒト管理システムなしには考えられない。最後に，ヒト管理システムはすぐに模倣されるが，その効果が表れるまでそれなりの時間がかかるので，競争相手が人的資源プールから生まれる価値を模倣するにはコストがかかる，または困難になる。

Wright, et al.（1994）は，人的資源が比較競争優位をもたらすメカニズムが企業環境の性質によって異なることも理論的に指摘している。つまり，安定した環境では，人的資源のレベルが高いほど，課題要求を達成するより効率的な方法の開発を通じて，企業がその競争相手と比較して生産性の優位を持ちうるのに対し，よりダイナミックで複雑な環境では，人的資源プールは特別な環境

的必要条件に適応する能力を高めることによって企業の有効性に影響しうる，という。

2) SHRMにおけるRBVの評価

　RBVはSHRMの発展に対して大きなそして必須の役割を果たした，と評価されている（Wright et al., 2001; Allen & Wright, 2007）。まず，RBVは，企業の持つ内的資源に焦点を当てることによって，HRMが持続可能な競争優位を導くことを理論的に説明するとともに，経験的研究への刺激を与えた（Allen & Wright, 2007）。また，RBVは，戦略研究においてその意義が認められたことにより，経営戦略論とSHRMを接近させた。その結果，戦略研究はヒト（または企業の人的資源）を競争優位の源泉として考慮に入れるようになった（Wright et al., 2001）。他方，SHRMにおいて，RBVは，人的資源が戦略の実行でなく形成に影響する（人的資源は戦略遂行の手段ではなく戦略選択の一部である）という主張の根拠を提供し，戦略とHRMの関係についての見方にパラダイムシフトをもたらした（Allen & Wright, 2007）。

　しかし，SHRMへのRBVの適用については，未解決な重要な問題がいくつか残されている（Allen & Wright, 2007）。1つは，HRM施策が労働者の技能や行動に影響し，次にそれらが企業業績と関連する，という一連の関係がほとんど証明されていないことである。つまり，人的資源プール・従業員行動を含む人的資源（HR）と業績の関係の一般モデルおよび「HR→FP」モデル全体の検証が必要である（Allen & Wright, 2007）。

　2つ目の問題は，多くの研究者がHRMをコンティンジェント変数に適合させる必要性を主張しているものの，適合の有効性は経験的な支持を十分得ていないことである。また，適合が短期的によい結果をもたらすとしても，戦略にHRM施策を適合させることが普遍的によい結果をもたらすか，つまり適合が有効なのはどのような時と場所であるかという問題は残されたままである（Allen & Wright, 2007）。

　3つ目の問題は，HRMという資源の競争優位の持続可能性についてである。HRシステム，人的資源プール，従業員行動のどれに焦点を当てる場合でも，RBVで要求される持続可能な競争優位の条件，つまり模倣困難さと非代替可

能性という基準に HRM という資源が適合しているかという問題が残されている（Allen & Wright, 2007）。HRM 施策（または高業績労働システム）が経路依存性や因果的曖昧さを持つという仮説の妥当性やそれらが実際に模倣困難かどうかを経験的に査定する試みはまだ行われていない。また，競争相手が同じ結果を獲得するために異なる資源の組み合わせを用いることができないという非代替可能性もまだ検証されていない（Allen & Wright, 2007）。

3．「HRM-FP」研究への含意

1）「資源」概念の見直し

「資源の定義に多くのものが含まれすぎている」（Priem & Butler, 2001b）という批判はあるものの，逆に言えば，RBV 特に Barney の考え方は，企業の持つ実際上あらゆる属性が資源に「なりうる」ことを指摘している点に意義がある。したがって，施策，人的資源プール，行動という3領域（Wright, et al., 1994; Wright et al., 2001）に限定されず，人的資源の要素・部分について，新たな「資源」の可能性を探ることが可能である。その範囲には，個人，集団，組織の各レベル（組織レベルであれば，組織風土や組織における集合的学習としてのコア・コンピタンス：Prahalad & Hamel, 1990）も含まれるであろう。また，明示的なものだけでなく，そうでないものも（例えば，暗黙知）含まれるであろう。

2）価値を生み出す資源の定義

「資源」の範囲を拡大し，あらゆるものを可能性として考えることに意味はあるが，最終的にはそれが価値を生み出すかどうかが重要であり，その条件を事後的にはなく，事前に規定しなければならない。それが，RBV に対する根本的な批判である，価値を生み出すものの定義の同義反復性である。1つは，RVB 独自の論理で再定義を行うことであるが，別の方向としては，人的資源に関して理論的蓄積の多い既存のモデル（例えば，行動パースペクティブ：Wright & McMahan, 1992）によって価値創造的な人的資源に関する定義を補

完し，資源の持続的競争優位の条件の方に RBV の理論的独自性を求めることである。さらに，競争優位をもたらす資源としての価値が市場によって外生的に決定されるとすれば，RBV を市場モデルと統合させる方向で価値の再定義を行う可能性も考えられる。

3) コンティンジェンシー要因の検討

資源の価値が市場によって決定されるとすれば，市場環境を「HRM → FP」のコンティンジェンシー要因とすることが考えられる。また，人的資源の要素間，そして人的資源とそれ以外の資源とのコンティンジェンシー関係（適合関係）についてもあくまでも RBV 独自の理論的視点にたった再検討の可能性がありうる。その際，競争優位と持続的競争優位の条件に関する，VRIO フレームワークは，条件間の適合関係を考える上での基準になりうる。また，それに基づいて，既存のモデルの資源要素間の適合性についても改めて検討する余地がある。

4) 時間的・ダイナミックな視点

RBV は，「一時的」／「持続的」競争優位の概念に見られるように，時間的な変化・変動を重要な理論的特徴として持っている。持続的競争優位の要因としての模倣困難さをもたらす資源の独自の歴史的形成や経路依存性などもその例である。「HRM → FP」研究においても，人的資源の競争優位のどのような要因（とその組み合わせ）が業績の維持や向上，低下などの変化と関係するか，といった時間的・ダイナミックな側面を理論的仮説の設定に含められる可能性がある。

第2章
サイバネティックス

1. サイバネティックスの基本的な考え方

　サイバネティックスは，コミュニケーションと制御についての学問であり，その理論的基礎を情報とフィードバックに置いている（Wiener, 1961; Von Bertalanffy, 1968; Bateson, 1979）。サイバネティックスには様々な立場があるが，本節では主に Bateson（1972; 1979）に準拠して，その基本的な主張を整理する。

1）情報とコミュニケーション
　サイバネティックスにおいて，情報は拘束・意味・パターン・冗長性などの概念とほぼ同じ意味を持つ（Bateson, 1972）。Bateson（1972）によれば，物事の因果的な説明は，通常出来事 A が起こったため出来事 B が起こったという表現をとるが，サイバネティックスは，出来事の行方がさまざまな拘束のもとにあり，拘束が複合して，起こるべき出来事が1つに絞り上げられると考える。出来事 A によって他にどのようなことが起こりえたかを考え，なぜそれらの代替的な経路を出来事が進んでいくことができなかったか，なぜそれらは断ちきえ，残ったわずかな可能性のうちのひとつの出来事 B が実現したのか，ということが問われる。通常の因果的な説明がポジティブであるとすれば，サイバネティックスの行う拘束の分析は物事をネガティブに説明する。

　別の言い方で表現すると，情報は〔付け加える何かではなく〕選択肢のあるものを排除する何かである（Bateson, 1972）。例えば，ジグソーパズルのある特定の場所にピッタリはまるピースの選択にはまわりのピースの形，模様，色など数多くの要因が「拘束」としてはたらいているが，パズルを解く人の眼か

ら見るとこれらはみな正しい選択をもたらす情報である。情報は，選択肢のあるものを排除し，出来事の可能性を減らすという意味で「出来事に違いを生むあらゆる違い」(Bateson, 1972) である。

コミュニケーションの本質は，情報を作り出すことによって，つまり「拘束」をもたらすことによって出来事のランダム性を減らすこと (Bateson, 1972) にある。コミュニケーションは，複数の可能性が存在する (Ashby, 1956) 状況で，その可能性を縮減する。上記の例でいえば，ジグソーパズルのある特定の場所にはまるピースに多くの選択肢がある状況で，パズルを解く人の視覚によって周りのピースの情報が生み出され，選択肢が縮減されたのである。

一見コミュニケーションらしくないパズル解きの状況から，身振り，声，文字などを通じて行われる情報伝達まで，コミュニケーションには一定のエネルギーや力が伴っていて，それらは一定の物理法則に基づいて作用している。しかし，コミュニケーション，パターン，差異化等は，そのような実体のある世界ではなく，形式の世界に関わるものである。そこには，実体の世界とは異なる秩序が働いている。このような形式についての知こそ基底的な知なのであり，サイバネティックスはそれに寄与しているのである (Bateson, 1972)。

2) フィードバックと制御

サイバネティックスの第2の中心概念はフィードバックである。フィードバックは，受容器（感覚器官），操作装置，実行器（効果器）からなるシステムにおいて，実行器の働きの情報を受容器に戻すことを意味する（図2-1：Von Bertalanffy, 1968)。例えば，サーモスタット（温度自動調整器）は，室温が目標の温度より低ければ，調整弁を開いたり燃料油の流量を増やすなどの操作を行い，それによって生じた発熱コイルやボイラーの働きの変化をフィードバックして温度計で検査している。そして，測定した温度と目標の温度とのズレの情報を温度の安定化に用いる。

このように，戻された情報に基づいて一定の目標に近づくように過去の働きを訂正することをネガティブ・フィードバックと呼ぶ。サイバネティックスの創始者である Wiener (1961) がフィードバックを「あたえられた一つの型通

図 2-1　フィードバックの図式
(Von Bertalanffy, 1968 長野・太田訳 1973, p.39.)

りにあるものに運動を行なわせようとするとき，その運動の原型と，実際に行われた運動との差を，また新たな入力として使い，このような制御によってその運動を原型にさらに近づけるということ」と表現した時，ネガティブ・フィードバックを意味していた。他方，戻された情報に基づいて，目標との差異をさらに増幅させる傾向を持つフィードバックはポジティブ・フィードバックと呼ばれ，システムの変化や不均衡を促進するという結果をもたらす。

　制御は，システムの働きを安定させたり，一定の目標に向けて働きを方向づける操作のことを指す。その意味で，ネガティブ・フィードバックは制御の有効な手段であり，その種の制御はフィードバック制御と呼ばれている。上記のサーモスタットや生物におけるホメオスタシス（生体恒常性）がその例である。

　しかし，システムは一般に，過去の誤りを訂正するフィードバックと将来の見通しに基づくフィードフォワードを組み合わせて用いる場合により正確に自己の制御を行うことができる（Simon, 1996）。例えば，ある目標に向けて働きの方向性を保障する際に，予測した目標の位置と照準のズレをフィードバックして調節するとともに，目標の位置の予測に基づいて調整を行う。このような予測にもとづく標的位置の決定過程がフィードフォワードである。ただし，システムはときに予測に対し過剰反応をするので，フィードフォワードは安定化をもたらさないことがある（Simon, 1996）。投機によるバブル事件のように，市場におけるフィードフォワードは，それぞれの行為者が他の行為者たちの行動（従って他の行為者への期待）を予想しようと努力する場合，特に強い不安定化作用をもつことがある（Simon, 1996）。

3) 因果関係の認識論

　サイバネティックスは，システムの制御技術を提供するだけでなく，因果関係についての一般的な見方の転換を迫る。それは，一方向の原因－結果という線型的な見方から原因と結果が円環をなす非線型的・回帰的な見方への変更である（Bateson, 1972, 1979; Weick, 1979; Senge, 1990）。線型的な見方では，システムのどこかに"原因"を指定することでシステムの変化という結果を一方向的に説明するが，円環的な見方では，システムのどの部分における変化も後で起こるすべての変化の原因とみなすことができる（Bateson, 1979）。たとえば，サーモスタットの働きが部屋の温度を制御していると見なすこともできるが，部屋の温度の変化がサーモスタットのスイッチの変化の原因であると見なすこともできる。自分の行った予言が自分自身に跳ね返ることによって生じる予言の自己成就も円環的因果関係の例である（Weick, 1979）。

　因果関係がつくるサーキットでは，そのすべての部分の動きがそれ自身の以前の動きによって規制されるので，システムのある部分が他の部分を一方的にコントロールすることはありえない。人間がかかわるシステムであっても，人間という行為者は，行動の中心にいて現実に働きかけるのではなく，フィードバック・プロセスの一部であり，そこから離れて存在しているわけではない。当然「責任」も特定の人間やその行為に求められず，システムがうまくいっていない時に責任概念を行使することはかえって悪循環という危険を引き起こす（Senge, 1990; 安冨, 2006）。

　重要なのは，因果のネットワークやシステムの全体であり，その構造である。システムがどの状態に収まるかは，サーキットを巡る情報の全変換過程の総体とシステム全体の時間特性によって決定される（Bateson, 1972）。システムは自己修復的な動きや波打つような動きを示したり，暴走したりするが，サイクル内の因果関係の矢印が奇数箇所で逆転している場合自己修復システムとなり，すべての矢印が現状維持か促進の場合または偶数箇所で逆転している場合システムの暴走（制御不能，悪循環）となる（Weick, 1979; Bateson, 1979, 図2-2）。また，因果の連鎖はサーキットの一点を出発して同じ点に戻るまでにある一定の時間がかかるが，この時間がシステム全体の基本的特性の1つになっており，これもシステムの状況に影響を及ぼす。また，各原因と結果の間

第 2 章 サイバネティックス　31

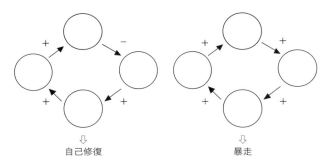

図 2-2　サイクル内の因果関係とシステムの振る舞い

の隔たり（遅れ）とそれへの介入の仕方もシステムに影響を及ぼす（Senge, 1990）。

2. 企業組織とサイバネティックス

　サイバネティックスは，組織研究に幅広い影響を与えてきた。具体的にいえば，「制御技術」「組織学習モデル」「因果モデル」「生態学的モデル」などとしてサイバネティックスは組織研究に対して多様な理論的含意を提供している。

1）制御技術としてのサイバネティックス
　組織の制御においてはサイバネティック理論が支配的である（Hofstede, 1978; Jaeger & Baliga, 1985）。具体的には，目標設定，達成の測定，達成と目標の比較，望ましくないズレについての情報のフィードバック，達成プロセスの修正，といったネガティブ・フィードバックループを使うことを意味する。業績のフィードバックが組織改善のきっかけになる可能性は，企業の行動理論（Cyert & March, 1963）や離脱と発言を通じた業績低下のフィードバックについて述べた Hirschman（1970）でも示唆されている。
　しかし，このようなフィードバックを組織制御に使う場合の問題や限界も指摘されている。まず，組織の目標は 1 つとは限らない（Cyert & March, 1963;

Kast & Rosenzweig, 1972; Katz & Kahn, 1978)。組織は人間のアナロジーとしてみなされやすいが，社会組織は有機体とは異なり2つ以上の目的的要素から構成されている。組織の諸目標は組織構成員の間での交渉・妥協の結果であり，一貫性や連続性や規則性があるとは限らない。また，フィードバックと定常状態の維持は環境側の要因に内部を適応させることで達成されるが，組織内部で起こる変化やそれへの適応は組織内の複数の目的的要素によってひき起こされる可能性がある（Kast & Rosenzweig, 1972）。さらに，このフィードバックによる制御では，「原因 - 効果」関係がほとんど完全に理解され，望ましい遂行結果が正確に定義されるとともに，かなり高い程度の正確さで測定されうる，ということが暗黙に仮定されている（Jaeger & Baliga, 1985）。従って，フィードバック制御は，繰り返し的な製造タイプの過程には適合するが，それ以外のタイプの過程では失敗する（Hofstede, 1978）。

SHRM論のなかでも，コントロールモデル（Snell, 1992; Snell & Youndt, 1995）はサイバネティック制御の限界と適合条件を組織的・理論的に整理している（第4章参照）。このモデルは，コントロール対象を行動－アウトプット－インプットの3種類に分類し，暗黙にクローズドシステムを前提にしてフィードバック制御で行動をコントロールする方法は課業環境が安定していて原因－結果関係についての知識が完全な場合に適しているが，原因－結果関係についての知識が不完全な場合や望ましい業績の基準が具体的である場合は，オープンシステムを前提として不安定な環境への適応性を高めるアウトプットコントロールが適合する，という。

オープンシステムは，ネガティブなエントロピー，フィードバック，ホメオスタシス，分化，調整，等結果性という特徴を持つ（Katz & Kahn, 1978）。その点でその重要な部分の働きがサイバネティック理論で説明される。しかし，システムが変換と排出の過程で消費する以上のエネルギーを環境から輸入する限りにおいて生存し，その特徴的な内的秩序を維持する，というネガティブなエントロピーの原則は，サイバネティックモデルと異なる点である。システムのレベルでいうと，オープンシステムはサイバネティックモデルよりも複雑で，生命が非生命から区別されるようなレベルである（Boulding, 1956）。

2) 組織学習モデルとしてのサイバネティックス

　上記のようなフィードバック概念の限界を克服する契機が，サイバネティックな理論自身に含まれている。Bateson（1972）は，一定の文脈での学習つまり原学習（proto-learning）と「学習することの学習」である第二次学習（deutero-learning）を区別し，フィードバック制御の上位のレベルでのフィードバック過程を想定した。第二次学習は，文脈の異なる学習，抽象レベル（論理階型）の異なる学習であり，形式についての知に関する学問としてのサイバネティックスの考え方が反映されている。

　このようなBatesonのサイバネティックスの洞察を発展させたのが，Argyrisらの組織学習の分析である（Morgan, 1982）。Argyris（1994）によれば，フィードバック制御のように目標との一致がもたらされた時または不一致が行為の変化により修正された時に起こる学習が単一ループ学習であり，目標となる支配的な変数を最初に検証・変更した上で行為の検証・変更によって不一致が修正された時に生じる学習が二重ループ学習である。例えば，サーモスタットは，「寒すぎる」か「暑すぎる」状態を検出し，熱するか冷却するかによって状況を修正するようプログラムされているので単一ループ学習者として定義されるが，サーモスタットがなぜ25度に設定されているか，なぜ今の状態にプログラムされているか，といった質問を自分自身に問いかけるなら，それは二重ループ学習者になる。

　組織場面でいえば，フィードバック制御に対応する単一ループ学習は日常的・繰り返し的問題に適しているのに対し，二重ループ学習は複雑でプログラムできない問題により適合する。そして，二重ループ学習は変化し不確実な環境に対する組織の適応をうまく説明できる。Gully & Phillip（2005）は，単一ループ学習を通じたエラーの最少化と信頼性を追求する「業績志向」と二重ループ学習に基づいて実験と試行錯誤を行なう「学習志向」を対比させ，業績の漸進的増加と画期的な変化の違いを説明しようとする。しかし，どの立場に立つ場合も，単一ループおよび二重ループ学習はすべての組織に必要である（Argyris, 1994; Gully & Phillip, 2005）。

　「HRM-FP」研究においても，企業業績のフィードバックに応じてHRMの調整を行なう場合とHRMの戦略や全体的目標を再検討するような変化の2種

類が考えられる。また，一貫性や安定性のない複数の業績測度を使うことがむしろ組織のコントロールや有効性に寄与するという逆説的業績モデル（Meyer & Gupta, 1994）も，絶えず既存の組織目標や業績測度を問い直すことで環境への適応を行なうという二重ループ学習の概念によって理解可能になる。

3）因果モデルとしてのサイバネティックス

　組織で生じる多くの出来事は因果のネットワークまたはフィードバックプロセスによって説明できる（Weick, 1979; Senge, 1990）。しかし，組織現象は複雑である。多くの変数が内在する（細部の複雑さ）からではなく，それらが相互に関連しあっている（動態的な複雑さ）からである（Senge, 1990）。従って，因果のパターンは直接目には見えにくい。フィードバックプロセスにおける「目標」は，企業が希望の市場シェアを目指すときのように明確な場合もあれば，いくらやめようと誓ってもやめられない悪癖のような暗黙の場合もある。さらに，多くのフィードバック・プロセスには「遅れ」が内在している。これは，影響力の流れを妨げ，行動の結果を徐々に生じさせるので，因果のパターンを見えにくくさせる。さらに，組織を分析するときは，因果の連鎖の密度や循環パターンのみならずその相互依存の連鎖の長さもチェックしなければならない（Weick, 1979）。このように複雑な因果のネットワークをとらえる試みとして，いくつかの繰り返し見いだされるパターンを発見すること（Senge, 1990），および要因のモデル化（組織機能の拡張モデル：James & Jones, 1976）がある。また，個人の業績の単純な集積が組織業績にならないという業績のパラドクス（Pritchard, 1994）も因果ネットワークの複雑さという点から理解できる。

　因果のネットワークまたはフィードバックプロセスという考え方に立つと，組織における制御は難しくなる。制御の失敗は，このようなネットワークを無視したり，壊したりすることによって生じる（Weick, 1979）。さらに極端な立場に立つと，このように複雑で理解できていない対象の意識的制御は科学の手を離れて芸術の問題であり（Bateson, 1972），人間の関与する事態に計画制御を適用するのは原理的に不可能である（安冨, 2006），という考え方になる。

4）生態学的モデルとしてのサイバネティックス

　組織内で生じる多くの出来事は因果のネットワークまたはフィードバックプロセスで構成されているが，組織自体もより大きなシステムの一部である。それは，人間集団が動物としての自然を生きている環境，すなわち生態システムである（Bateson, 1972）。生態システムのなかでは様々な種が生存競争と相互依存の組み合わせの中で生きているが，そのシステムを自己修正的回路が安定させている。組織もこのシステムの影響を受けるとともに，それに影響を及ぼしうる。制御技術としてのサイバネティックスは目標追求活動の手段として用いられるが，このような目標追求モードはより大きなシステムに対して病理的な結果もたらす（Morgan, 1982）。サイバネティックスがネガティブフィードバックの原理に基づいているという事実は，ある活動領域での自己修正と制御がより大きなシステム内部の別の場所での他の関係の強化の維持と極大化を保障する技術として用いられる場合があることを意味する。別の言い方をすると，1つの文脈における1つの領域を安定させるサイバネティックの技術は他の領域におけるポジティブフィードバックの発展と不安定化をもたらす場合がある。以上のように，生態学的モデルとしてのサイバネティックスは，組織が特定の目標への制御技術としてフィードバックの原理を用いるだけでなく，組織の目標の多様性や最適性，組織を含むより大きなシステムの維持や安定を顧慮する必要性を示している。

3．「HRM-FP」研究への含意

1）組織学習研究との連結

　制御技術としてのサイバネティックスは，組織コントロールにおいて上記のような限界と問題を持っている。しかし，組織学習モデルとしてのサイバネティックスは，より高次のレベルでの組織コントロールの可能性を示す。「HRM-FP」の因果関係についてみると，HRMは企業業績のフィードバックを通じて一定の目標に向けた業績のコントロールができるが，これは単一ループの目標への接近である。これに対し，企業業績のフィードバックを通じて

HRM 自身が設定した目標や戦略そのものの見直しがなされる二重ループ学習は，企業業績が HRM に影響を及ぼす可能性を意味する。これによって，「HRM-FP」の因果関係についてもよりダイナミックな見方が可能になる。

2）因果関係の再検討

因果モデルとしてサイバネティックスは，組織現象一般の因果関係の見方を大きく変える。組織の一部分に線型的な「原因－結果」を当てはめるのでなく，因果連鎖のサーキット全体に目を向ける必要がある。因果連鎖のサーキットとして「HRM-FP」関係を位置づけると，HRM と FP どちらかに原因を想定するのではなく，HRM と FP の間の相互作用，そしてそれら以外の組織要因を含めた諸要因の因果ループが繰り返される過程全体のパターンを把握することが課題となる。そこでは，システムの安定や変化（業績の向上や低下），変化の変化（単調・加速・不定）などの振る舞いが，因果ループのどのような構造的・時間的な特徴から生じるのかを検討する必要がある。

3）業績概念の見直しと拡張

「HRM-FP」研究において，企業業績の高さは財務指標に代表されるように，限られた業績指標の最大化を意味する。つまり価値の単調増加が前提とされている。しかし，生態学的モデルとしてのサイバネティックスという観点からすると，特定の次元だけでなく複数の次元のバランスや「最適な」業績という考え方を取り入れたり，組織外の生態システム等へのインパクトも業績に包含すべきである。ステークホルダー論的観点（第 7 章参照）の拡張とも言える。また，組織の働きが基本的に「時間」によって規定されるとすれば，企業業績を単一時点で見るのではなく，業績の時間次元での拡張も検討されるべきである。業績の安定性，変化の方向性，さらに長期的に見れば，組織の生存や消滅もその範囲に入るであろう。

第3章
ルーマンの社会システム理論

1. ルーマン初期のシステム理論

　社会システム理論は，SHRM研究の理論的枠組み（Wright & McMahan, 1992; McMahan et al., 1999）のなかでは明示的に採りあげられていない。しかし，サイバネティックスからの刺激を受けて発展したシステム理論，なかでも組織研究に対して本質的な貢献をもたらしたルーマンの研究は，SHRM論はもちろん「HRM-FP」問題に対しても深い含意を潜在的に持っていると考えられる。

　そこで，本章では，まずルーマンの社会システム理論のうち「HRM-FP」問題に関わる限りで，そのごく一部について紹介する。ルーマンの社会システム理論はその発展段階によって内容が異なるが，本章では組織というシステムに焦点を当てているという点から，初期の2つの著作（Luhmann, 1964 沢谷・関口・長谷川訳 1992・1996; Luhmann, 1968 馬場・上村訳 1990）に基づいて主要な論点を整理することにする。なお，文章の引用は邦訳に基づいている。

1）システム概念

　ルーマンのシステム定義は独特であるが，彼のシステム理論を基礎づける上で重要であり，かつ説得力がある。それは"内と外の区別が適用できるもの（Luhmann, 1964 沢谷他訳 1992, p.27)"という表現に示されている。内と外が区別できるということは，境目（境界）があるということだが，それは勝手にひかれているのではなく，内側と外側で何かが違うということである。それは，複雑さ・ランダムさ・変動性の差である。つまり，内側の方が複雑さ・ランダムさ・変動が少ない，言い換えれば，より単純，規則的，安定的である，

ということである。そして，境界があるということは，一定の時間の幅でその境界が維持されるということであり，内側のものが「同じもの」として存在し続けるということである。そこで，厳密にいえば，システムは"きわめて複雑で変動する，全体として支配することはできない環境のなかで，一部は自己の秩序に，また一部は環境条件にもとづいて自己を同一に保つような，あらゆる現実的－存在者（Luhmann, 1968 馬場・上村訳 1990, p.2）"である。

　ルーマンは，システムを部分からなる全体，または全体という枠内における部分間の相互依存関係と定義する伝統的・一般的な考え方を厳しく批判する。そのようにシステムの意味を内的秩序に限定した場合，システムは他の領域つまり環境から切り離されてしまうというのである。環境のなかでシステムを不変に保とうとするからこそ，システム維持の作用を果たす内的秩序が必要なのである。そして，環境の無視から派生する問題として，諸部分の総計「より以上」のものが全体においていかにして生じるのかが説明できなくなる。「より以上」のものは，内部を見ただけでは説明できない。それは，環境との関係のなかでのシステムの秩序づけのはたらきとしてのみ理解できる。"内部を考察することが意味を持つのは，外部が存在する場合のみ（Luhmann, 1968 馬場・上村訳 1990, p.122）"である。環境とのやりとりによって存在するオープンシステムはシステムの外部を考慮に入れているが，そもそもシステムは環境との関係なしにはありえない。

　システムの構造も一般的には「諸要素間の諸関係」と定義されるが，それでは不十分である。単に関係があるだけはなく，ありうるたくさんの関係が制約・限定され，ある関係だけが実際に選び出される，ということである。構造が作られることによって，どの要素の間の関係も同じ確率で生じるのではなく，関係づけの可能性が選択的に限定される。そして，要素そのものは入れ替わっても，構造は存続できるのである。

2）社会システムとしての組織

　システムのうち，行為を要素とするシステムが行為システムである。"他の行為連関との間に境界を設定することのできる行為連関（Luhmann, 1964 沢谷他訳 1992, p.27）"と定義される。行為と行為の関係をもたらすのは，時間

的・空間的な近さや因果関係ではなく，意味または期待である。行為が他の行為を指示することで関係が生じる。その点では，行為システムは行為のレベルではなく意味や期待のレベルで構成されると言える。

行為の連関が1人の人間のなかに限定される場合パーソナリティシステムとなり，複数の人間の間に見られる場合社会システムとなる。ただし，社会システムは，関与する人々のすべての行為を含んでいるわけでも，心身をもった具体的な人間から成り立っているわけでもない。人間はその一部の行為によって社会システムに含まれているので，社会システムの成員となっていても，そのパーソナリティシステムは社会システムの外に存在し，その環境に属している。成員が社会システムの内部ではなく外部つまり環境側に存在するという考え方は，後述のように社会システムの存続や機能にとって重要な意味を持つ。

組織が社会システムの一種である点は大方の見方とルーマンのそれは一致する。しかし，ルーマンのシステム理論に基づく組織定義は独特である。組織は，社会システムのうちの公式的な構造または公式的な期待の複合体である。従って，社会システムには公式化されていない構造や期待も存在する。公式化された構造（期待）が多くを占める社会システムは組織化されている（つまり公式組織）と言えるが，完全に組織化された社会システムは存在しない。

そこで，次の問題は公式性である。一般的には，公式とは，「おおやけに定めた方式」［広辞苑第七版］といった意味であるが，ルーマンにおいて社会システムの公式性とは，ある期待の受け入れと遂行を成員資格の条件とするということである。成員という役割とある期待を結びつけることともいえる。成員である限りは，その期待を実行しなければならないし，否認することはできない。否認は成員資格を危険にさらすことになる。

期待は公式化されることによって，一般化され安定する。一般化とは，状況が変化しても人々がシステムとの関係ではある一定の期待を持ち続けることができる，ということを意味する。そして，システムとの関係で一般化には3つの方向が考えられる。まず，時間的な方向には，規範によって常に逸脱や期待はずれが起きないようにすることができる。また，即時的な方向には，役割によって他の期待との無関連性や矛盾が生じないようにできる。そして，社会的には，制度によって成員の間に意見の一致が見られるようになる。社会システ

ムがその環境に対して安定性を持って維持されるためには，公式化つまり行為期待の一般化が重要な役割を演じている。

3) システムの合理性

　一般に，社会システムがその目的を達成する時合理的であるといわれる。組織は，最大限の利益をあげることや最適なシステム状態を作ることなど特定の目的を実現するように整えられたシステムと考えられている。しかし，ルーマンにおいて目的合理性は何種類かのシステム合理性のうちのひとつでしかない。システム合理性にはより広い，独自の意味がある。それは，環境の複雑さを縮減することであり，それによってシステムと環境の差異を創出することである。

　環境の複雑さを縮減するための戦略（システム戦略）が5つ指摘されている。主観化，制度化，環境の分化，内的分化，構造の未規定性である。主観化とは，客観的な状況のかわりに主観的状況を用いることによって，環境の状態を単純化することである。制度化とは，他の多くの社会システムとの間で主観的な環境状態についてのコンセンサスを作ることである。環境分化とは，主観的環境状態を区分し，その中に境界を設定することである。内的分化とは，システムの内部に下位システムを作ることで，これによって環境分化や複雑な環境状態への対応が可能になる。構造の未規定性とは，システムの構造を決めずに選択の可能性を残しておくことで，これによって複雑で変動する環境に柔軟に対応することができる。

　これらのシステム戦略は組み合わせて使うことができるが，5つの戦略を同時に実現するのが，「決定の決定」としてのプログラミングである。プログラミングには，目的と条件の2種類がある。目的プログラミングとは，問題を抽出し設定することである。問題が設定されることによって，解決にかかわる決定の枠組みと構造が与えられる。これによって得られる合理性が，目的合理性である。したがって，目的合理性はシステム合理性のうちの一種ということになる。これに対して，条件プログラミングは，問題を解決する計算を含んでおり，すでに解決ずみの問題をルーティン的に解決するものである。このプログラムは，一定の条件がそろった時に作動する。サイバネティックな調整システ

ムはその一種である。

　2つのプログラミング形式のどちらも常にシステム合理性を達成できるとは限らない。それぞれは，一定の条件下でシステム合理性に寄与する。一般に，組織についての見方には目標モデルと自然システムモデルの対立があり，それに応じて組織有効性の基準についても目的合理性と存続が対立的・相互排他的に位置づけられるが，ルーマンのシステム合理性の見方からすると，目的合理性は存続というシステム合理性の一部として包摂される。また，システム合理性に到達するためには，目的を修正したり，プログラミング形式自体を変更したり，それらを組み合わせたりする上位のコントロール過程が必要である。

4）社会システムの存続条件と組織の機能

　複雑な環境のなかで社会システムを存続させるためには，2つの条件を満たすこと，つまりシステム内外の2つの問題を解決することが必要である。内的問題はシステムに属する行為を秩序づける統合問題であり，外的な問題は他のシステムとの関係を秩序づける適応問題である。

　内的な統合問題への対処には，期待の一般化が関わっており，それには公式組織が貢献している。規範，役割，制度によって期待の一般化が可能となるが，さらに期待を公式化することつまりそれを成員資格と結びつけることによって一般化がより確実なものとなる。他方，社会システムは，前述のとおり戦略的に内的分化が行われたり，役割行動という下位システムに分化したり，人間の体験能力の限定から下位システムがおのずから形成されたりする。また，システムは問題をはらんだ環境にあるので下位システムを目的的・合理的に分化させることができないし，下位システムを維持するためには，全体の目的と矛盾する行為が必要である。そこで，このように内的に分化したシステムでは，下位システム相互間の境界が全体システムにとって内的障害になるので，すべての成員に共通する最低限の方向づけを定義する必要性が生じる。公式組織はその役割を果たすことによって，システムの統合性の維持に寄与するのである。

　他方，他のシステムとの関係を秩序づけるシステムの外的な適応問題は，他のシステムが成員であるか非成員であるかによって動機づけ問題とシステムの

自己表現問題に分けられ，システムの内外の差に焦点をあてると環境に対するシステムの影響力の問題と環境に合わせたシステム自体の変動の問題に分けられる。

　社会システムにとって望ましい行為を成員にとらせるようにすることが，動機づけ問題である。ここでもシステムの公式化は成員の動機づけに対して重要な役割を果たす。公式化によって成員資格とある行為期待が関係づけられるので，成員の動機づけには一定の保証が得られる。成員資格による動機づけによって，組織は具体的な行為ごとに成員を動機づける必要がなくなり，組織内の権威が，一般的・無規定的に，つまりどのような個人であっても受け入れられるようになる。また，成員資格による動機づけによって，組織の目的による（その目的のために，その目的だからという）動機づけが不要になり，動機づけの構造を変えずに組織の目的を変更・修正できるようになる。これによって，組織は内的には高度の分化能力を外的には高度の適応能力を獲得することができるようになる。ただし，成員資格による動機づけは，参加への動機づけと仕事への動機づけの分離をもたらし，前者は確保できても，後者はそうなるとは限らない，という結果を生む。仕事への動機づけを高めようとする努力がシステムの基本的な構造と矛盾するというジレンマは，公式組織が持つ構造的な問題である。

　システムの自己表現問題とは，システムがその目的を実現するためにはその目的を環境に伝える必要がある，ということから生じる。環境に対して目的を示すためには，目的を実現することとは本質的に異なる要求に応じる必要がある。そこに，目的追求と目的表現のジレンマが生じる。そこで，これを解決するためにシステムを外部に理想的な形で提示する上で重要な役割を果たすのが公式組織である。

　システムの影響力問題とは，システムが環境に干渉しそれを変化させることである。影響力とは，外部に存在するシステム（成員と非成員）を自らのシステムに合わせるはたらきをするコミュニケーションである。企業という社会システムの場合，自己の生み出す成果によって5つの環境（市場）に影響を及ぼしうる時，その存続を図ることができる。5つの環境とは，労働者や従業員（成員），所有者や出資者（成員あるいは非成員），納入業者（非成員），顧客

（非成員），競争相手（非成員）である。社会システムは，公式組織のおかげで（内的一般化や分化の過程を通じて），複数の環境と異なった関係をとりむすび，それによって安定性を得る事が可能となる。

システム自体の変動の問題とは，環境に合わせてシステムが柔軟に変化することである。システムが柔軟に変化する方法の１つは，公式的な期待の一般化と個別化を組み合わせることである。一般化された期待は，個別化した期待が状況に応じて変化する能力を与え，その変動を制御する。ただし，個別的な期待が変化し続けるならば，それに対応する一般的期待も変更せざるを得なくなる。柔軟性を確保する２つ目の方法は，システムの分化である。分化によって，特定の下位システムが他の下位システムを一定にしたまま変更できる。公式組織は，成員に対して，与えられた役割を暫定的で修正可能なものとして受け入れさせ，構造の変動可能性を認めさせることで，システムの柔軟な変化を可能にする。

5）社会システムの公式化による派生的問題

社会システムの公式化は，システムの構造に大きな可能性を切り拓く。前述のように，社会システムの公式化，つまり一定の行為期待を受け入れることをシステムの成員としての資格と結びつけることは，期待の一般化を通じてシステム環境の複雑さを縮減する機能を果たし，システム存続の内的・外的条件を満たす上で重要な役割を演じる。

しかし，社会システムの公式化は，同時に派生的な問題も生み出す。一定の行為期待を受け入れることがシステムの成員としての資格であるとすれば，それ以外の行為期待や役割もシステム内に存在するということである。つまり，成員役割はシステム内の役割の一部にすぎず，またシステム内の他の役割を引き受けるための前提条件である。そこで，成員役割とその他の役割とを結びつけるにあたって矛盾や葛藤が発生しうる。役割同士の関係は合意されているとは限らないし，協和的であるとも限らないのである。組織化されたシステムの問題は，公式化された成員役割とその他の役割との間の緊張から生じる。

また，システム存続の内的・外的条件を満たす上で公式的な成員役割は重要な役割を果たすが，１つの社会システムには，整合的に計画された合法的な１

つの期待秩序しかないので，それで内的機能と外的機能を同時に満たし，均衡させることは困難を伴う。内的機能と外的機能の矛盾というこの困難を解決するためには，ある程度の非合法を大目にみなければならない。社会システムは相反する存続条件のもとにいるので，ある機能が合法的・公式的に保証されるなら，同時にそれと矛盾する機能も非合法的・非公式的に満たされねばならない。その点では，非合法的・非公式的な作用はシステムの存続に重要な役割を果たしている。

6) 組織研究法としての機能主義

　ルーマンは，組織研究に独自のシステム概念を導入したが，そこには組織研究の方法に関する新たな考え方が伴っていた。伝統的・規範的な組織論が確実な実体・原因・価値を前提にして議論を展開するのに対して，ルーマンのシステム概念では複雑で変化する環境のなかで「確実なもの」など存在せず，「確実なもの」を維持するための様々な作用や可能性がありうると考える。そのようなシステム概念に対応する研究方法が機能主義である。伝統的方法が確実に存在するものについての因果的基礎づけを行うのに対し，機能的方法は存在するものを他の可能性から解釈しようとし，それらの可能性と存在するものを機能的に「等しい」ものと考える。そこでは，組織という共同生活の形態自体がより一般的な問題に対する特殊な解決策であるとされる。

　組織内の行為についても，規範主義的組織論では正しい行為と誤った行為とに研究対象が限定されていたが，システム理論では実際の行為そのものが研究対象となり，かつ因果法則とは別の観点から研究される。原因－結果という因果法則を見出すには，組織内の行為相互の連関は複雑すぎるからである。組織内の行為が複雑な事柄である以上，それを数少ない明白な原因に還元するだけでは役に立たない。相互に作用しあっている複雑な条件のなかで迷子になって，木をみて森を見ないという結果に終わってしまう。システムには決定の不備や構造的な選択によって様々な派生的問題が発生しているので，実際の行為はこの問題の解決にどのような機能を果たしているかという観点から研究されねばならない。

2.「HRM-FP」研究への含意

1）業績概念の整理と統合

　企業は社会システムの一種として位置づけられるので，企業業績もシステム理論の視点から，つまりシステム合理性の一部として整理することができる。前述のように，システム合理性はシステムが複雑な環境から自己を区別し，固有の秩序を維持することを意味する。この概念によって，組織有効性概念をめぐる目標（合理的）モデル vs. 自然（生存）モデルの対立（第7章参照）は，環境の複雑性を把握する組織能力の段階的な違いへと相対化される。つまり，その能力が高い段階つまり複雑性が低くなっている状況または問題が構造化されている場合には目的モデルが有効となるが，能力が低い段階ではシステムの存続自体が基本となり，組織有効性の基準となる。言い換えれば，目的合理性はシステム合理性の一種ということになる。従って，システム合理性は，単なる最適，均衡，利潤の極大化，などだけを表すわけではない。前述のように，システム合理性を得るための戦略がルーマンによって整理されているが，目的プログラミングは一定の条件下で有効性を持つということもできるし，目的の修正や変更もシステム合理性を達成する手段となりうる（e.g.長寿企業における大胆な組織目標の変更）。したがって，もう一つのプログラミング形式である条件プログラミング（サイバネティックスに基づくサーボメカニズムもそこに含まれる）も異なる条件下では有効性を持つ。さらに，システムの存続に対して異なるプログラミング形式の併用や切り替えそして高次のコントロールも重要であるとすれば，複数の矛盾した業績指標の併存や変化が組織有効性に寄与するという逆説的業績モデル（Meyer & Gupta, 1994; Cameron, 1986）もシステム合理性という点から理解可能となる。以上の点から，「HRM-FP」研究もHRMとシステム合理性の関係という視点から見直す必要があると考えられる。

2）因果的説明から機能的説明へ

組織内の行為が相互に複雑に関係しあっていることから，それらを少数の原因に還元する因果論的アプローチには限界がある。組織内の行為や事象は，システムの維持というシステムのかかえる問題の解決に対する寄与，つまり機能という点から研究する必要がある。同じ寄与をもたらす，つまり同じ機能を果たすという点で，その組織事象は他の可能性と比較される。その点では，その組織事象は必ず存在しなければならないということはなくなり，「定数」としての位置が失われる。もちろん，HRMも組織において「定数」ではなく，他に代替する選択肢の可能性がある（e.g.人事部不要論）。「HRM-FP」研究も当然，企業業績に対するHRMの影響という因果関係の探求ではなく，企業業績さらに広く言えばシステムの存続に対するHRMの機能を明らかにする必要がある。

3）システムの存続に対するHRMの順機能と逆機能

企業というシステムの存続に対して，下位システムとしてHRMは多様な内的・外的機能を果たしうる。最もわかりやすいのは，労働者や従業員（成員）という外的環境と関係を取り結び，報酬を提供することによってそれらに適応する外的機能である。つまり，それらの成員がシステム内の期待に応じる一定の動機づけを確保することである。ただし，成員はその行為の一部を通じて組織のシステムの維持に貢献しているとはいえ，組織とは独立に維持される行為システムを構成している。特に，公式化された組織では，組織の期待に沿った行為を通じて従業員の要求を同時に満たすことが難しくなっているため，間接的・交換的な方法つまりシステムの成果を提供することによって動機づけを確保しなければならない。

HRMの外的機能の2つ目は，非成員という外部環境への影響である。HRMは組織を理想化して伝える自己表現の手段となって，成員を引き寄せる力を持ちうる。特に公式化された組織にとって，公式化の程度は流動性のある労働市場と成員を引き寄せる力に依存するので，自己表現の手段としてのHRMの機能は重要である。

さらに，HRMはシステムの統合という内的機能も果たしうる。期待の一般

化は，期待の公式化つまり期待と成員役割を結びつけることによって強化されるが，成員役割つまり組織への加入と脱退の条件を決めるのがHRMの役割であるからである。

ただし，前述のとおり，システムの公式化は，派生的な問題，つまり成員役割とその他の役割との間の矛盾や葛藤，公式的な構造に対応する公式または非公式の戦略も成員の側に生じさせる。HRMはそれらの問題にも対応しなければならない。問題に対する誤った対応は，「困難」（単純に，特別な訓練を必要としないで常識的な水準で解決できるような事態）を本当の「問題」（袋小路や行き詰まり，絡み合い）に変えてしまう可能性がある（Argyris, 1957; Watzlawick, Weakland, & Fisch, 1974）。SHRMで想定されるようなHRMの企業業績に対するポジティブな影響だけでなく，ネガティブな影響にも目を向ける必要がある。

4) HRMと全体（下位）システムとの矛盾の必要性・必然性

システムが存続するためには内外からの矛盾した要求に応えなければならない。外的環境は完全に予測や制御ができないという問題をはらんでいる。システム内の行為は1つの目的に排他的に関係づけることはできず，行為が多様な派生的結果を生じさせる。そのため，唯一の目的や整合的な目的群によって下位システムを分化することはできない。個人の業績を集積しても組織業績につながらない「生産性のパラドクス」（Prichard, 1994）や「合理的な」行為が集積された時システムレベルで生じる非合理的な結果（社会的ジレンマ）などの創発現象（レベル問題）を理解する手がかりも，システム概念そのもの，つまりシステムの内的・外的な矛盾した要求にある。

そして，下位システムを維持するためには，全体の目的と矛盾する行為が必要であり，システムとしての自らの安定性と自律性が必要である。したがって，下位システムとしてのHRMと全体システムとの関係や他の下位システムとの関係においても，SHRMで主張される内的適合（戦略とHRM）と外的適合（HRM施策の間）が必要とは限らない，少なくともシステムの存続に対してそれらの適合関係は「変数」として扱いうる。つまり，下位システムに認められる自律性・柔軟性の程度は全体システムの環境条件に左右され，全体シス

テムそのものが安定し構造化された環境にある場合は下位システムの自律性は制限されうる。下位システムに自律性が要求される場合，例えばHRMの企業業績への貢献を証明しようとする「HRM-FP」研究自体が，組織システム全体および他の下位システムへの自己表現（理想化）による適応としての意味を持っている。

5）HRMの成果としての動機づけと組織コミットメント

「HRM-FP」研究の未解明の理論的問題の1つは，HRM施策が企業業績に影響する具体的なメカニズム（＝「ブラック・ボックス」問題）の解明である（Wright & Gardner, 2003）。SHRMの理論のなかで，行動アプローチと呼ばれる立場では，「ブラックボックス」に入るもの，いわばHRMシステムの短期的成果として従業員の動機づけや組織コミットメントが挙げられる。しかし，動機づけや組織コミットメントは強いほどよいのか，適度なレベルとは何か，そもそもそれらは本当に企業業績にとって必要か，そうだとすればどのような種類のものか，他で代替可能な選択肢はないか等の問題についての理論的な解は不足している。

ルーマンのシステム理論でも成員という外部システムへの適応問題として動機づけの確保が挙げられているが，その独自な視点は成員の動機づけも「変数」として扱われていることである。少なくとも，公式化された組織では，成員資格と結びつけることによって一般化された期待が受容され遂行される最低限の動機づけ（参加への動機づけ）は確保され，具体的な行為ごとに動機づけをする必要がなくなる。その場合，具体的な行為つまり与えられた仕事への動機づけをコントロールできないという問題があるが，それを高めようとする努力（HRM施策）は派生的な問題を生じさせる。例えば，組織目標へのコミットメントによって仕事への動機づけを高める施策は，システムの柔軟性（目的の変更や他の仕事への異動）を阻害し，それを嫌う成員の離脱を生じさせ，上司からのコミュニケーションによる動機づけは，純粋のコミュニケーション機能に余計な負担を与える。

また，多くの労働組織においては，仕事への動機づけは労働の流れつまり協働のプログラム化によっても代替可能であり，特別な動機づけを必要としなく

なっている。動機づけとパフォーマンスは表面的には関係があるように見えても，実際はオペレーションのマネジメントが両者に影響しているという見方（三品，2004）もありえる。HRM 施策の「成果」としての動機づけや組織コミットメントは，組織というシステムの適応，さらには自己維持にとって果たす機能という視点から再検討する必要がある。

第4章
コントロールモデル

1. SHRM論におけるコントロールモデルの位置づけ

　序章で述べたように，SHRMに関する理論のうち，行動アプローチは，戦略と企業業績の媒介要因として従業員の行動に焦点をあてる。このアプローチは，組織にとって最も有効な従業員の行動は組織の様々な特徴（組織戦略を含む）に依存し，HRM施策の目的はそのような行動を引き出しコントロールすることであると仮定する。つまり，行動アプローチは戦略がHRM施策を導き，それが従業員に役割行動を引き起こし，それが企業に利益をもたらす数多くの成果を導くと考える（Wright & McMahan, 1992）。その最もよく知られたモデルの例は，Miles & Snow（1984）やSchuler & Jackson（1987）の役割行動パースペクティブである。

　HRM施策と企業業績の媒介要因として従業員の行動に焦点をあてるという点で，上記の（狭義の）行動アプローチだけでなくサイバネティックス，エージェンシー／取引コスト理論などを含めて広く行動アプローチを捉えると，そのなかで様々なHRM施策の働きを統一的に説明する「レンズ」（Snell & Youndt, 1995）としてコントロール概念を用いるのがコントロールモデル（Ouchi, 1979; 1980; Eisenhardt, 1985; Snell & Youndt, 1995，など）である。これは，有効なHRMシステムを設定するための最も理論的に進歩したモデル（守島，1996）と評価されている。

　そこで，本章では，コントロールモデルの立場から，HRMと企業業績の関係がどのように理論的に説明可能かを検討する。上記のように，行動アプローチ一般の前提として，コントロールモデルはHRMが従業員の行動を媒介にして企業業績をもたらし，さらにHRMの影響は組織戦略を含む様々な状況要因

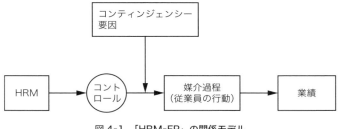

図 4-1 「HRM-FP」の関係モデル

に依存する，と仮定する（図 4-1）。そこで，以下のコントロールモデルの理論的検討では，(1)コントロール概念，(2)コントロール概念による HRM システムの次元・分類，(3)コンティンジェンシー要因，(4)媒介過程，(5)業績，の順に取り上げ，最後に(6)日本企業の HRM システムの特質を理解する上での有効性，について検討する。

2. コントロール概念

コントロールモデルの研究者の中でもコントロール概念は多様な捉え方がなされている（Snell, 1992）。その最も広い定義は，たとえば「一人または二人以上からなる集団が，他者または他集団の将来の行動を決定する（すなわち意図的に影響を与える）いっさいの過程」（Tannenbaum, 1968）に見られるように，人間（集団）と人間（集団）の間の影響過程という見方である。他方，「活動が期待どおりの成果をあげるように保障する業務」（Reeves & Woodward, 1970），「組織がその目標に達成するように管理するためのメカニズム」（Ouchi, 1979），「必要とする業績を引き出し，業績が規定と一致しているかどうかをチェックするために用いられる手段」（Etzioni, 1965），「活動の結果を監視し，この結果についてフィードバック情報を評価し，修正作業を行うこと」（Reeves & Woodward, 1970）などのように，活動とその目標を一致させるための手段または作業という見方もある。さらに，「目標設定，計画，執行などとともに経営コントロールシステムを構成する 1 要素で，主に行動の

監視と業績評価を行うもの」(Ouchi, 1977) のように，行動の監視と評価という限定された見方もある。その場合，同一組織内に業績コントロールを含む多くのコントロールシステムが存在することになる (Lawler, 1976)。

コントロール概念は以上のように広狭様々に規定されているので，概念を狭く定義した場合 HRM 施策全体を包括的に理解することが難しくなる，という問題が生まれる。たとえば，コントロールモデルに基づく実証研究では，直属上司の行う評価の基準だけでコントロールが測定されている (Ouchi & Maguire, 1975)。行動の監視と評価は確かに HRM において重要な位置を占めるが，採用，配置，昇進，異動，能力開発，退職，報酬，職務設計等を含めた HRM システム全体を理解する上では不十分になるであろう。また，評価のみにコントロールを限定すると，施策間の内的適合を重視する SHRM 論の視点が欠落するおそれがある。

コントロール概念におけるもう一つの問題は，コントロールを誰が行うか，という点である。一般にコントロールは経営者や管理者が行うという前提があるが，前述の Tannenbaum (1968) のように，人間（集団）と人間（集団）の間の影響過程という見方からすれば，組織のすべての階層のメンバーがそれぞれコントロールを行うと考えることができる。そのような意味でのコントロールの組織における総量が組織の効率性と関係を持つ (Tannenbaum, 1968) との指摘や「従業員からの影響」が HRM の次元の 1 つとして位置づけられていること (Beer et al, 1994) は，経営・管理者だけでなく一般従業員もコントロールを持ち，その程度が HRM の働きや組織全体の業績を規定することを示している。

3. HRM システムの次元・分類

コントロール概念を用いることにより，HRM 機能の全般的な説明だけでなく，理論的な根拠を持った HRM の次元・類型の設定が可能になる。たとえば，組織内のコントロールの総量 (Tannenbaum, 1968)，「個人的－機械的」次元と「統合的－分散的」次元 (Reeves & Woodward, 1970)，「公式的－非

公式的」次元 (Snell, 1992),組織の要求に適合する人々を探索・選抜する方法 vs. 組織の要求に十分適合しない人々を採用・教育・監視・評価する方法 (Ouchi, 1979) などの次元・類型が提案されている。

なかでも多くの研究者に用いられているのが,評価の対象に基づくコントロール (HRM 施策) の分類である。評価の対象としては,行動,アウトプットの2種類 (Ouchi & Maguire, 1975; Eisenhardt, 1985),またはそれにインプットを加えた3種類 (Snell, 1992; Snell & Youndt, 1995) が考えられる。このうち「行動・アウトプット・インプット」の3タイプを提案したのが,Snell & Youndt (1995) の分類 (表4-1) である。まず,行動コントロールでは,部下の評価は上司による行動観察に基づいて行われる。このコントロール様式は,組織を暗黙にクローズドシステムとして扱う官僚主義的前提に基づき,情報やエネルギーの変換プロセスをルーティン化することによって不確実性を低減させ,予測力を高める。この種の HRM 施策には,標準化された作業

表 4-1 HRM コントロールシステムのタイプ
(Snell & Youndt, 1995, p.713)

	HRM 施策	仮定
行動コントロール	責任はトップダウンで課され,標準化され手続きと方法が最重視される。従業員は,結果に拘わらず,自分達の行為に対して責任を持つ。評価は上司による行動の観察に基づく。フィードバックは矯正のための手段として用いられる。	標準からはずれた行為を減らすことによって業績が高まる。信頼できる役割行動は運営を促進する効率性をもたらす。クローズドシステムを特色づける環境 (課業環境が安定しており,原因−結果関係の知識が完全である) において最も適合。
アウトプットコントロール	様々な種類の業績目標が設定される。部下の業績評価は達成された結果に基づいて行われ (e.g. MBO),業績結果は金銭的報酬としっかり結びつけられる。	業績を高めるためには想定外の機会をうまく利用する必要がある。有効性を達成するための手段としての目標達成が志向される。業績基準が具体化されているオープンシステムにおいて最も適合。
インプットコントロール	厳格な選抜と訓練は,組織の価値と目標を理解し内面化するだけでなく必要な能力を確実に持たせるよう従業員を社会化するのに役立つ。これにより,従業員達は自分から企業の利害に沿った行為を行うようになる。	忠誠心とコミットメントが利害の対立を防ぎ,協力的な環境を作り上げる。業績基準が曖昧で原因−効果の関係の知識が不完全な時に最も適合。

手続き（e.g. 職務記述），行動に基づく業績評価，厳格な監視，フィードバックなどが含まれる。アウトプットコントロールでは，部下の評価は達成された結果に基づいて行われる。このコントロール様式は，組織をオープンシステムとみなす考え方とより合致しており，作業の過程ではなくその結果を標準化する。成果に基づいて業績が評価され（e.g. MBO），業績評価に基づいて報酬が支払われる。インプットコントロールは，個人と企業の利害が本来異なるという仮定に立つ行動コントロールやアウトプットコントロールとは異なり，HRM施策によって組織の価値や目標を受け入れる方向に従業員を変えることができると仮定する。そのために，業績評価や報酬よりも選抜と訓練を利用した社会化が行われる。

「行動・アウトプット・インプット」にほぼ対応するのが，「官僚制・市場・クラン」というコントロール分類（Ouchi, 1979; Beer et al., 1984; Daft, 2001）である。官僚制は業績の評価と共通の目標の社会化との組み合わせによって，市場は個人の貢献を正確に測定し報酬を与えることによって，クランは個人間の目標の不一致を効率的に低減させるほぼ完璧な社会化過程によってコントロールの問題に対処する（Ouchi, 1979）。また，Beer et al. (1984) は，このタイプ分類に基づいて，従業員の組織参加の形態を中心とするHRM施策の横断的統合を行っている。実証データに基づいて抽出されたタイプAとタイプZのHRM類型（Ouchi & Johnson, 1978）は，それぞれ官僚制とクランにほぼ対応していると考えられる。

以上述べた「行動・アウトプット・インプット」および「官僚制・市場・クラン」というコントロールの類型化は，HRM施策を統合的に理解する上でコントロール概念が有効であることを示しており，HRM理論に前進をもたらしたと評価できる一方，いくつかの問題も見られる。1つは，タイプ間の関係性で，3つが相互に矛盾するものか，混合して利用することができるか，という問題である。この点に関しては，どの組織も3つのタイプを純粋な形態では利用できず，むしろ3つのタイプは従業員の動機づけと能力のどちらに焦点を当てるかという点での違いなので，3つが同時に使われる傾向がある（Ouchi & Price, 1977; Ouchi, 1979; Beer et al., 1984; Snell, 1992; Daft, 2001），とされる。もし，そうであるなら，3つのタイプは相互排他的な関係にあるというより，

HRMシステムの多様性を整理する次元であり，現実のHRMシステムは3次元上のどこかに位置付けられることになる。その場合，HRMシステムの有効性の理解においては，どの類型に属するかよりも，3つの次元のどこに位置付けられるか，3つをどのように組み合わせるかの方が重要になる。

　2つ目の問題は第1の問題と関係するが，HRM施策間の相補性，水平的適合の問題である。3つのコントロールタイプの組み合わせが重要であるとすると，次の問題はどのような組み合わせがよいか，どのような組み合わせが相補的・適合的か，である。それに答えるには，コントロールという点からHRM施策の全体（評価や報酬だけでなく）を包括的に統合するようなさらに上位の類型化を行う必要がある。その点で，前述のBeer et al. (1984)らの類型は体系性を持たせた試みであるが，コントロールという点で各施策がどのように関係づけられるかが理論的に不明確である。

　3つ目の問題は，公式のコントロールと非公式のコントロールの区別である。クランというコントロールタイプの「発見」は，監視と評価に基づくコントロールとは全く異なるコントロールのアプローチが存在すること，そして日本型HRMの「特殊性」が一般的・普遍的枠組で理解可能であることを示した点で重要であるが，クランは主に非公式のコントロールであり，従って観察しにくい（Ouchi, 1980）。もしそうであれば，公式のHRM施策だけではコントロールのすべてを捉えることができない。逆に言えば，この問題は，コントロールモデルの問題というより，HRM論が公式なものに限定されがちな現状を意味しており，組織風土論などとの接合を通してHRMの理論を改善する必要性が指摘される。

4. コンティンジェンシー要因

　HRMシステムの業績への影響を左右する要因，または特定のHRMシステムが有効性を発揮するための適合条件についても，コントロールモデルは有効な理論的視点を提供する。たとえば，「行動・アウトプット・インプット」のコントロール分類においてコンティンジェンシー要因として多くの研究者に

よって指摘されているのが,「原因-結果関係についての知識」および「望ましい業績の基準」という2つの要因である (Ouchi & Maguire, 1975; Ouchi, 1977; 1979; Snell, 1992; Snell & Youndt, 1995)。これらの要因は,組織行動のアセスメント基準(効率性,手段性,社会性)の選択に関するThompsonモデル(1967)に基づいている。上記2つの要因の組み合わせによって,行動コントロールは「原因-結果関係についての知識」が完全な場合に,アウトプットコントロールは「望ましい業績の基準」が具体的である場合に,インプットコントロールは「原因-結果関係についての知識」が不完全で「望ましい業績の基準」が曖昧な場合に,効率的であるとされる(図4-2)。

このような組織理論に基づくコントロールモデルに対して,経済学のエージェンシー理論に基づいて修正されたモデルも提案されている。そこでは,課業特性とりわけ課業のプログラム可能性(組織理論に基づくコントロールモデルの「原因-結果関係についての知識」に対応)が低い場合(従業員の行動測定にコストがかかる場合)にアウトプットコントロールが適合するとは限らないという。従業員(エージェント)はリスク回避的であるので,従業員にリスクを負担させるアウトプットコントロールはコストを生じさせる一方,従業員の行動の観察可能性は行動測定に投資すること(予算システム,管理階層の追加等の監視メカニズムの購入)によって代替できることから,行動測定のコストが従業員へのリスク転嫁のコストを上回る場合にのみアウトプットコント

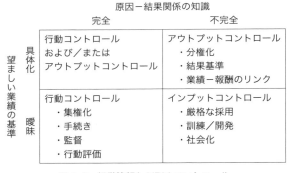

図4-2 経営情報とHRMコントロール
(Snell & Youndt, 1995, p.717.)

ロールが適合する（Eisenhardt, 1985; Govindarajan & Fisher, 1990）とされる。

「官僚制・市場・クラン」というコントロール分類についてもいくつかのコンティンジェンシー要因が指摘されている。例えば，Ouchi（1980）は，経済学の「市場と階層組織」アプローチを用いて，個人間の交換に伴うコスト（取引コスト）をもたらす2つの条件，つまり「個人業績の明確さ」と「雇用者と被雇用者（従業員）の目標の一致度」をコンティンジェンシー要因として指摘した。そして，目標が一致していなくても個人業績が明確に測定可能な時は市場コントロールが，目標の一致度や個人業績の測定可能性が中程度の時は官僚制コントロールが，個人業績が明確に測定できなくても目標が一致している時はクランコントロールがそれぞれ効率的であるという。以上の点からすると，変化が多くチームワークの必要な業務においてはクランコントロールが効率的であると考えられる（Ouchi, 1981; Daft, 2001）。必ずしも理論的な根拠は明確ではないものの，3つのタイプの様々な組み合わせと戦略，環境条件の間の適合関係についても指摘がなされている（Beer, et al., 1984）。

以上のように，コントロールモデルはHRMシステムのコンティンジェンシー要因について有効な理論的視点を提供しているが，いつかの問題も指摘できる。1つは，コンティンジェンシー要因に関して今のところ統一的な見解が見い出されていないことである。今後，組織理論，経済学の理論などからの様々なアプローチを統合（例えば，エージェンシー理論と取引コスト理論；Jackson & Schuler, 1995）する必要がある。第2に，上記のようなコンティンジェンシー変数が導出される前提として人間の特性と行動に関する仮説が設定されているが，それらの妥当性が検討されていないことである。とりわけ，経済学的な理論，例えばエージェンシー理論では自己利益，目標葛藤，合理性の限定，リスク回避等の多くの仮説的前提が設けられている（Eisenhardt, 1989）。多くの前提を設けることは，理論の適用範囲を限定することになるとともに，他方で個人の側の要因もコンティンジェンシー要因として含める必要性があることを意味する。

5. 媒介過程

　HRMと企業業績の媒介過程については，コントロールモデルではほとんど触れられていない。コントロールモデルは明示的・黙示的に従業員の行動のコントロールを通じてHRMの影響を説明しようとしているにも関わらず，一定のコントロール条件さえ満たせば人間が同じ行動をとることを前提にして，行動へのHRMの影響はその条件を設定するためのコストに還元される。条件の設定から行動に至る過程はブラックボックスとされている，という見方もできる。

　しかし，組織成員の顕在的な行動は同じであっても，それが生じる過程は多様である。後述のように，組織の目的に沿った同じ役割行動でも，目標や指示・命令に対する種類の異なるコミットメントから生じる。他方，機能的な組織にとって，組織成員の役割遂行行動だけでなく，革新的・自発的行動，そしてシステムへの参入と残留の行動も必須である（Katz, 1964）。それらの点からすると，企業業績に必要な多様な行動の条件を説明し，HRM施策と行動の間を説明する態度概念の導入が必要である。

　その点で，コントロールシステムと従業員の態度の関係を例外的に論じているのが，Ouchi（1979）である。彼は，社会学や心理学の領域の知見（Etzioni, 1961; 1965; Kelman, 1958）に基づいて，「官僚制・市場・クラン」というコントロールタイプと組織コミットメントの形態（服従，内面化，一体化）の直接的な関係を指摘している（表4-2）。それによれば，組織成員の明示的な監視や評価に基づく官僚制コントロールは服従をもたらし，誰でも成員として受け入れるが特別の訓練を行わない市場コントロールは「自己へのコミットメント」を通じて組織の目標への内面化を生じさせ，組織に適した人間の選抜と訓練を行うクランコントロールは組織内の個人や部局への一体化をもたらす。

　また，Ouchi（1980）は，前述のように経済学の「市場と階層」アプローチを用いて取引コストの点から3タイプのコントロールの効率性を比較したが，その際取引コストをもたらすのは公正への欲求であることを指摘している。つ

表 4-2　組織のコントロール：人間の扱い方
(Ouchi, 1979, p.841.)

人の扱い方	コミットメントの形態	対応するコントロールタイプ
完全に非選択的 ［誰でも受け入れ，それ以上の対処をしない］	内面化	市場
選択／振りわけ		クラン
訓練 　-技能訓練 　-価値訓練	同一化	
監視 　-行動の監視 　-成果の監視	服従	官僚制

まり，取引コストは与えられた価値と受け取った価値が彼または彼女の期待に合致する取引になるよう両当事者を満足させるために行われる活動である。この見方は，コントロールシステムと従業員の態度を媒介するのはシステムに対する公正知覚である，ということを意味する。次章で詳述するが，HRM システムと従業員の態度・行動の媒介要因として公正知覚を導入することが組織的公正理論のなかで近年論じられている（Greenberg, 1996）。そこでの重要な知見は，従業員の公正知覚が評価の結果だけでなく，評価の手続きやそれらを含めた HRM システム全体によって影響を受けるということである。組織的公正理論からのアプローチでは，何を（行動かアウトプットか）評価するかだけでなく，手続きやシステム全体のあり方も公正知覚を説明する上で検討しなくてはならない。また，コントロールシステムと従業員の態度の間に組織（心理的）風土（James & Jones, 1976; Kopelman, Brief & Guzzo, 1990; Ostroff & Bowen, 2000）などの認知的過程を媒介させることも考えられる。

　以上のように，HRM と企業業績の媒介過程についてコントロールモデルでは元々十分な注意が向けられていないが，それ以外にもコントロールモデルには 2 つ問題が指摘できる。1 つ目は，組織成員の態度・行動に対するコントロールシステムのネガティブな効果が十分に検討されていないことである。一般に，コントロールのための測定が明示的に行われるほど，成員の自律性や自

己統制感の低下が生じ，組織にとってコストが大きくなる（Ouchi, 1979）。このようなコストを軽減させる点で，明示的な測定に依存しないクランタイプのコントロールが有効になりうるのであるが，コントロールシステムの持つ逆機能については，評価・測定の施策と他の施策の関係の中でシステマティックな検討がなされる必要がある。Lawler（1976）によれば，明示的なコントロールシステムが組織内に存在する際に生じる成員の問題行動（コントロールシステムへの抵抗，官僚的行動，業績データの歪曲）は，コントロールシステムからの情報を使って賞罰を行う時深刻になりやすい。逆に，明示的な評価を伴わないクランタイプのコントロールも，成員を均質化しすぎると組織の成長や環境への柔軟性を阻害し，生産性を低下させる場合がある（Snell & Youndt, 1995）。経済学的に言えば，これまでコントロールモデルで提示されたよりも多くの人的コストが発生する可能性を検討しなければならない。

　2つ目の問題点は，コントロールモデルでは知識や技能といった人的資本を通じたHRMの影響過程に十分注意が払われていないことである。この点は，すでにコントロール概念が行動の監視や評価に限定されがちである，という問題点として触れた。「官僚制・市場・クラン」のコントロールタイプのなかでは，クランにおいて訓練の重要性が指摘されているが，その他のタイプにおいて人的資本の役割はどのように捉えられるであろうか。第1章で述べた「リソース・ベースト・ビュー」などの考え方を取り入れた統合的モデル（Kopelman et al., 1990; Ostroff & Bowen, 2000）が今後検討されるべきであろう。

6. 企業業績

　コントロールモデル，特に経済学の理論に基づくそれは，企業業績を効率性基準で捉える傾向にある。そして，効率性基準に従って組織を評価することによって特定の条件下で組織がとる形態を予測できる点に，経済学的アプローチの意義を見い出すことができる（Ouchi, 1980）。しかし，企業業績を効率性だけで捉えるのは十分とは言えない。価値観の違いによっては，金銭的・物質的

な利得ではなく幸福感をもたらす「雰囲気」が重視されることもある（Williamson, 1975）。この問題は，一般的に言えば，業績基準が組織の複数のステークホルダーの間で異なるということである（Hrebiniak, 1989; Hall, 2002）。

　企業業績の定義と測定における一般的な問題（第7章で詳述）として，時間的枠組み（短期か長期か）の違い（Hall, 2002）や測度の妥当性・信頼性の低さ（Hrebiniak, 1989; Meyer & Gupta, 1994）が指摘されている。このような点を考えると，企業業績について多元的な見方（Ostroff & Bowen, 2000）や矛盾モデル（Hall, 2002）などを考慮し，少なくとも複数の業績指標をとることが必要である（Ostroff, 1992）。

7. 日本企業のHRMシステムの特質

　日本企業のHRMシステムの特質を理解する上で，コントロールモデルは一般的で理論的な枠組みを提供する。「官僚制・市場・クラン」というコントロールタイプの分類で言えば，もっとも顕著なクランの例は日本において見出される（Ouchi & Price, 1977）。その特徴は，高度に産業化された状況において官僚制ヒエラルキーに依存しないコントロールメカニズムが機能していることである。典型的な日本企業に見られるクランコントロールは，アメリカ企業の一部にも見られ，そのアメリカ版がタイプZである（Ouchi & Johnson, 1978）。

　しかし，日本企業のコントロールの特徴がクランにあるという見方には異論もある。例えば，Lincoln & Kalleberg（1990）によれば，クランは価値を共有する人たちの専門的・職業的共同体の概念に近く，日本企業の特徴はその意味でのクランというより官僚制コントロールつまり忠誠心と合意を促進する高度に構造化・公式化された組織である。また，日本企業における従業員参加の特徴について，公式的・階層的コントロールと非公式の仲間集団コントロールの両面を持っているという指摘（小林，2003）は，日本企業のコントロールの特徴をクランと官僚制の両タイプのハイブリッドとして捉えられる可能性を示

唆している。また，日本の労働者の情緒的な組織コミットメントが欧米先進国に比べて高くないことが多くの調査データで示されていること（Lincoln & Kalleberg, 1990; 渡辺，1999; 板倉，2001），および日本の労働者の特徴が残留的なコミットメントの高さである（板倉，2001）という指摘からすれば，日本企業のコントロールの特徴は，組織の価値への感情的一体化を前提とするクランコントロールというよりも合理的な関係に基づく官僚制コントロールである可能性がある。

　日本企業のコントロールシステムの特徴が，クランまたは官僚的コントロールにあるとして，日本企業がなぜそのようなコントロールを採用するかについても異なった見方がある。例えば，Ouchi (1981) によれば，日本企業のコントロールタイプ（Jタイプ）は，同質性，安定性そして集団主義という特徴を持つ生態学的環境への適応の結果である。前述のコントロールタイプの2つのコンティンジェンシー要因（Ouchi, 1980）に基づくと，上記の環境では，個人業績が不明確で，雇用者と被雇用者の目標が一致しやすいので，クランコントロールが適合的である，ということである。

　しかし，別のコンティンジェンシー要因の組み合わせ（Ouchi, 1977; Snell & Youndt, 1995など）で見ると，「原因－結果関係についての知識」が完全で「望ましい業績の基準」が具体的である多くの製造業の企業では行動とアウトプットの両方のコントロールが適合的であるが，そのような場合でもアメリカ企業は官僚制コントロール，日本企業は文化的コントロール（クランタイプに対応）を用いる（Jaeger & Baliga, 1985）。だとすれば，日本企業がクランタイプを採用することを説明する新たなコンティンジェンシー要因または既存の要因の整理統合が必要になるであろう。

第 5 章
組織的公正モデル

1. 組織的公正研究から SHRM 論への展開

　前章で述べたとおり，コントロールモデルは，HRM 施策の類型化や各類型の適合条件を説明する上で優れた理論であるが，コントロールシステムとしての HRM 施策と業績の間の媒介過程についてはほとんど触れていない。媒介要因として組織メンバーの行動が明示的・黙示的に想定されているが，HRM 施策が組織メンバーの行動にどのように影響するか，またその行動が業績にどのようにつながるか，についての理論的説明は不十分である。

　そのような理論的説明の1つが組織的公正（organizational justice/fairness）モデルである。図式的に言えば，HRM 施策と従業員の行動の間に媒介変数として組織的公正を設定する，という考え方である。なお，公正の類義語として公平があるが，本書では両者を特に区別せず「公正」のみを用いる。また，その英語表現として justice と fairness のどちらも使う。

　また，本書では，組織的公正モデルを1つの確定した理論としてではなく，組織的公正の理論を SHRM 論に応用・拡張したものという意味で使っている。もともと，組織的公正の研究は，心理学を中心としてミクロレベルの組織行動研究として発展してきたので，マクロレベルの SHRM 分野への展開や統合はこれからという段階ではある。しかし，SHRM 論の理論的発展やさらにはミクロ／マクロの組織行動論（OB）の統合に向けた貢献の潜在的可能性は非常に高いと考えられる。

　そこで，本章では，組織的公正理論の立場から，HRM と企業業績の関係がどのように理論的に説明可能かを検討する。組織的公正研究についてはいくつかの文献レビューがなされているので（高橋，1998; Greenberg, Zapata-

Phelan, & Colquitt, 2005; 小林, 2004; 林, 2008, 2012など), ここでは, 「HRM-FP」問題に関する限りで, まず組織的公正の理論を概観し, その後 SHRM 研究への適用可能性と課題を検討する。

2. 組織的公正の理論

組織における公正の重要性は, 報酬制度 (Likert, 1961; Katz & Kahn, 1978) やリーダーシップ行動 (McGregor, 1960) などにおいて指摘されてきたが, 組織的公正という名前で研究が行われるようになったのは比較的最近のことである。例えば, 心理学領域での研究文献をデータベースで検索すると, organizational justice (または fairness) をキーワードとする文献の数が増加するのは1990年代からで, HRM とかけ合わせた文献数も絶対数は少ないながら同じ時期から増加している。

このように, 組織的公正研究の歴史は浅いものの, 短期間に組織行動研究における主要なトピックスに成長した (Greenberg, 2011)。理論的・実証的研究が一定程度蓄積されたことによって, 2000年代に入ってハンドブック (Greenberg & Colquitt (eds.), 2005) が発刊され, メタ分析もいくつか行われている (Cohen-Charach & Spector, 2001; Colquitt, Conlon, Wesson, Porter, & Ng, 2001)。

組織的公正の理論は, 主に, (1) 公正概念とその次元に関するもの, (2) 公正を生み出す要因やそのメカニズムに関するもの (proactive theory), (3) 公正によって生じる結果やそのメカニズムに関するもの (reactive theory) に分類される (Greenberg, 1987)。そこで以下, それぞれについて概観する。

1) 公正概念とその次元

組織的公正とは,「組織場面における公正の知覚」(Greenberg, 1996) を意味する。「知覚された」公正は, 道徳哲学や政治哲学などで扱われる規範的な「あるべき」公正ではなく, 個々の組織メンバーにとって主観的・心理的な意味を持つ公正なので, 実証的・経験的な研究の対象になりうる。心理学では,

「知覚された」公正を対象に理論的・実証的な研究を行っている。

それでは，主観的な意味を持つ公正とは何か，言い換えれば何を人は公正と判断するか。Colquitt, Greenberg, & Scott（2005）は，公正を正確に測定する上で概念定義が重要であるにも関わらず，組織行動研究者はそれを怠ってきたと指摘した上で，一般的な辞書に基づいて公正（just, fair）の定義を検討した。その結果，大まかにいえば，それがふさわしさと正しさという2つの面から成り，それらが組織的公正研究で見いだされた2つの次元（分配と手続き）に対応するという。また，Sheppard, et al.（1992）も公正判断の原則として均衡（balance）と正しさ（correctness）をあげ，類似の状況における類似の他の行為と比べて均衡がとれ，かつその行為が"正しい"と思わせるような性質（一貫性，正確さ，明確さ，手続き的な完全さ，その時点での道徳や価値との一致）を含むと判断される時，公正と知覚される，と述べている。公正は日本語の辞書においても「1，公平で邪曲のないこと，2，明白で正しいこと」（広辞苑第七版）と定義されているので，ふさわしさと正しさという2つの側面を持つと考えられる。以上から，公正は「バランスがとれていて正しいこと」を指す概念と考えられる。

しかし，組織的公正では，少なくとも分配，手続き，相互作用という3つの下位概念があるという見方が一般的である（Colquitt et al., 2005）。つまり組織的公正は，3つの異なる公正形態を包括する（umbrella）用語である（Greenberg, 2011）。様々な資源・報酬の分配に関する公正が分配公正であり，分配結果の決定手続きの公正が手続き的公正，そして，手続きを実行する際の対人的コミュニケーション（ヒトの扱い方）の公正が相互作用的公正である（Bies & Moag, 1986）。さらに，相互作用的公正を対人的公正（分配結果について個人的に配慮を示すことで生じる）と情報的公正（手続きについての情報を伝えることによって生じる）に分けて，組織的公正を4要素とする考え方もある（Greenberg, 1993）。

組織的公正の3要素（または4要素）モデルは，実証的にも支持されている。メタ分析の結果，公正の次元の間には高い相関があるが，1つの共通概念の複数の指標とみなせるほど高くない（Colquitt et al., 2001; Cohen-Charach & Spector, 2001）。つまり，4つまたは少なくとも3つの公正要素は概念的に

弁別可能である。したがって、本章でも組織的公正が少なくとも3つの要素からなるものと考える。

2) 公正をもたらす要因とその影響メカニズム
(1) 分配公正

分配結果の公正知覚を説明する理論として代表的なものが、社会的交換理論（Homans, 1961）および衡平理論（Adams, 1965）である。そこでは、互恵性（reciprocity）の規範（Gouldner, 1960; Adams, 1965; Gergen, 1969）によって、投資に応じた利益の分配（衡平分配：equity）が公正を生み出すと考えられている。つまり、組織への貢献度と報酬が釣り合っているとき従業員に公正知覚が生じると考えられる。さらに、衡平理論は、2者以上が雇用者から報酬を受け取る場合各個人は自分と雇用者との間の投資と報酬の比率が他の個人との間でも保たれていることを期待すると指摘している。そして、アウトカム（報酬）をインプット（投資、貢献など）で割った比率が他者のそれと同じであれば公正であるが、自分の方が小さければ不満感、大きければ罪悪感という不公正をもたらすという。

しかし、分配の基礎となる価値（Deutsch, 1975）や分配に関する規範（Leventhal, 1976）が複数存在するという考え方によれば、公正知覚をもたらす分配の仕方は、衡平分配以外にも平等分配や報酬の必要度に応じた分配（必要度分配）などがあり、どれが公正と判断されるかは人や状況によって異なる（山岸、1990）。また、衡平分配で意見が一致していても、何が貢献であり報酬であるかについての見方が異なる（Homans, 1961）。また、分配が二者間で行われる場合（「直接的交換関係」）では、衡平分配ルールより「等アウトカム」ルールつまり平等分配が選択されやすい（井手、1986）。

HRMも組織資源の分配装置と考えられるので（小林、2004）、HRMの公正も分配公正の理論で説明できるはずである。実際に、業績評価、上司の管理的活動、給与などのHRM施策において、衡平分配が公正知覚を高めることが実証的研究で確認されている（Alexander & Ruderman, 1987; Greenberg, 1986; Sheppard & Lewichi, 1987; 井手、1994）。その一方で、「同僚間に差のない賃金体系」の方が公正感が高く（松井、1965）、平等主義的な処遇と公正知覚に

正の相関がある（小林，1998）など，平等分配が公正知覚を高める可能性を示唆する研究も見られる。これらの研究は，分配公正が単純な要因によって決まるのではなく，様々な分配の基準によって影響を受けるということを示している。

(2) 手続き的公正および相互作用的公正

手続き的公正を説明する主要な理論は，Thibaut & Walker（1975）の過程コントロール，Leventhal（1980）の手続き的公正の6つのルール，Lind & Tyler（1988）の集団価値モデルである。また，その一部は相互作用的公正の説明にも適用できる。

過程コントロールとは，分配の決定の過程で被分配者が意見を主張したり情報を提出したりできることをいい，これによって被分配者の公正知覚が高まることが知られている。過程コントロールの効果はvoice効果とも言われ，メタ分析でも過程コントロール（voice）が分配公正知覚よりも手続き的公正知覚に関係することが分かっている（Cohen-Charach & Spector, 2001）。voice効果が生じるのは，過程コントロールによって結果のコントロールが可能になるから，つまり過程コントロールが自分の望む結果を得るための手段・道具になるからである。しかし，分配の決定に影響するかどうかとは関係なく意見の主張が公正感を高めることがある（Lind & Tyler, 1988）。つまり，過程コントロールは，道具的部分（道具的過程コントロール）と表現的部分（表現的過程コントロール）に分けられ，それぞれ別のルートを通じてvoice効果を発揮する。

Leventhal（1980）は，一貫性，判断の偏りのなさ，正確さ，訂正可能性，代表性，倫理性の6つの手続き的公正のルールを提示している。つまり，手続き的に公正であるためには，どの場合どの人に対しても一貫した手続きが用いられ（一貫性），利己的な考えや偏見に左右されず（判断の偏りのなさ），正確な情報によって判断が行われ（正確さ），決定の過程において訂正の機会が用意され（訂正可能性），利害に関わる重要な集団の考え方や価値観が判断の過程に反映され（代表性），手続きが基本的な道徳や倫理に反していないこと（倫理性）が必要である。これら6つの公正ルールはその後の研究の基礎となり，特に一貫性，正確さ，倫理性は手続き的公正知覚の重要な要因であること

が確認されたが，一部のルールには心理的過程の異なるいくつかの基準が含まれている（例えば，代表性ルールには決定，道具的過程，表現的過程という3つのコントロールが含まれている）という指摘もある（Lind & Tyler, 1988）。

さて，上記の過程コントロールのうち，単なる意見の主張が公正感を高めるという表現的過程コントロールの効果は，自己利益のためのコントロールが公正知覚を高めるという利己主義的人間観では説明できない。Lind & Tyler (1988) の集団価値モデルは，人間にとって集団に参加しそのなかで社会的関係をもつこと自体に価値があるという前提に立って，それらの価値と合致する集団内手続きが公正知覚をもたらすと主張する。そして，そのような集団価値変数として中立性，信頼，社会的地位の3つを手続き的公正の社会関係的要素とした。この立場からすると，上記の表現的過程コントロールの効果は，自分の意見を表現する権利を持つことが自らの社会的地位の確認につながることによって生じたと考えられる。

また，集団価値モデルが手続き的公正をもたらすと主張する3つの社会関係的要素には相互作用的要素（例えば，地位）も含まれているので（Bies, 2005），集団価値モデルによって相互作用的公正メカニズムの一部が説明できる。つまり，報酬分配手続きを実行する際の対人的コミュニケーションは，被分配者にとって自己の社会的地位を確認することになり，その結果公正知覚が生じると考えられる。

3）公正がもたらす結果とその影響メカニズム

(1) 分配公正

衡平理論（Adams, 1965）は，分配公正の要因だけでなく結果も説明している。分配が不公正だと感じた人は公正を取り戻すための行動や認知の変化を起こすということである。例えば，アウトカム（報酬）をインプット（仕事量）で割った比率が同僚のそれより小さい場合不満感（不公正）が生じるので，その人は自分の仕事量を減らすことによって公正を取り戻そうとする可能性がある。

実際，分配公正と業績との関係についてのメタ分析によると，両者には正の関係がある（表5-1：Cohen-Charach & Spector, 2001; 表5-2：Colquitt, et al.,

2001)。しかし，給与や上司への満足，組織コミットメント，組織市民行動（OCB）との相関関係が中～高であるのに対し，業績との関係は低く，特に実験室実験の結果は有意ではない（Cohen-Charach & Spector, 2001)。しかも，手続き的公正と業績の関係に比べても低い。衡平理論は，分配の不公正を知覚した人が公正を取り戻すためにとる選択肢が仕事の質・量の低下以外にもありうる（例えば，比較相手を他の同僚に変える）ことを予測しており，公正と業績の相関が低い理由もそれによって説明できるが，同時に衡平理論が公正と業績の関係を十分説明できないことも示している。

(2) 手続き的公正および相互作用的公正

手続き的公正は，組織内の様々な決定や報酬分配の結果に対する満足感を高め，その受容を促す。これは，公正過程効果（fair process effect: Folger et al., 1979）と呼ばれ，イフェクタンス，リアクタンス，社会的比較などの心理的メカニズムによって説明されている（Greenberg & Folger, 1983)。メタ分析でも手続き的公正と給与など分配決定の結果の満足感の間に中～高の相関関

表 5-1 公正と組織成果との関係 (1)
(Cohen-Charach & Spector, 2001, p.296-300 に基づいて作成。)

	低い (r=0～.2)	中くらい (r=.2～.5)	高い (r=.5～)
分配公正	・業績 (F) ・業績 (L) n.s.	・職務満足感 ・情緒的組織コミットメント ・OCB ・組織への信頼感 ・組織阻害反応* ・離職意志*	・給与への満足 ・上司への満足感 (F) ・上司への満足感 (L) ・上司への信頼感
手続き的公正	・業績 (L)	・業績 (F) ・職務満足感 ・職務満足感 ・継続的組織コミットメント* ・規範的組織コミットメント ・OCB ・組織への信頼感 ・組織阻害反応* ・離職意志*	・上司への満足感 (F) ・上司への満足感 (L) ・上司への信頼感 ・情緒的組織コミットメント
相互作用的公正	・業績 (F)	・職務満足感 ・情緒的組織コミットメント ・継続的組織コミットメント* ・組織への信頼感 ・離職意志*	・上司への満足感 (F)

(注) 190 件の実証研究のメタ分析で得られた相関係数（加重平均）を用いて相関の強さを3段階に分類。*：マイナスの値。n.s.：有意性なし。F：フィールド研究，L：実験室研究。

表 5-2 公正と組織成果との関係(2)
(Colquitt et al., 2001, p.436 に基づいて作成。)

	低い (r=0〜.2)	中くらい (r=.2〜.5)	高い (r=.5〜)
分配公正	・OCB〔上司〕 ・業績	・権威の評価〔組織全体〕 ・OCB〔組織全体〕 ・組織阻害反応*	・結果の満足感 ・職務満足感 ・組織コミットメント ・信頼 ・権威の評価〔上司〕 ・逃避的行動*
手続き的公正	・OCB〔上司〕	・権威の評価〔組織全体〕 ・OCB〔組織全体〕 ・逃避的行動* ・組織阻害反応* ・業績	・結果の満足感 ・職務満足感 ・組織コミットメント ・信頼 ・権威の評価〔上司〕
相互作用的公正	・結果の満足感 ・組織コミットメント ・逃避的行動* ・業績	・職務満足感 ・権威の評価〔組織全体〕 ・OCB〔上司〕 ・組織阻害反応*	・権威の評価〔上司〕
情報的公正	・OCB〔組織全体〕 ・業績	・結果の満足感 ・職務満足感 ・組織コミットメント ・OCB〔上司〕 ・逃避的行動* ・組織阻害反応*	・信頼 ・権威の評価〔上司〕 ・権威の評価〔組織全体〕

(注) 183件の実証研究のメタ分析で得られた相関係数（補正後）を用いて相関の強さを3段階に分類。*：マイナスの値。

係が確認されている（表5-1：Cohen-Charach & Spector, 2001；表5-2：Colquitt, et al., 2001）。

しかし，Cohen-Charach & Spector (2001) のメタ分析の結果（表5-1）を見ると，手続き的公正は給与などの分配結果への満足感では分配公正よりも相関が低く，むしろ組織コミットメントなど組織への態度との相関が高い。Sweeney & McFarlin (1993) は，分配公正が個人レベルの評価（例えば，給与満足）を予測し手続き的公正が組織レベルの評価（例えば，組織コミットメント）を予測するという2要因モデルを自らの調査データで実証したが，2要因モデルはメタ分析でも支持されている。

手続き的公正や相互作用的公正が組織への態度におよぼす影響を説明するのは，またしても集団価値モデル（Lind & Tyler, 1988; Tyler & Lind, 1992）である。そのモデルによれば，手続き的公正は処遇対象となる人にとって集団内での自分の価値を意味するので，集団の権威を正当なものと判断し，それに従

おうとする気持ちをもたらす。つまり，手続き的公正は集団・組織への肯定的な認知・感情をもたらす絆としての役割を果たす（大渕，1998）。

　他方，手続き的公正と職務業績の関係は社会的交換理論に基づいて説明することもできる（Masterson, et al., 2000）。組織を従業員と組織との間での資源の長期的な取引の場として見れば，公正という社会的資源は交換関係における組織からのインプットと考えられるので，職務業績もそれに応じて変化することが考えられる。交換関係が組織ではなく上司との間の関係であるとすれば，手続き的公正ではなく相互作用的公正が職務業績に影響することも予想される。手続き的公正が組織全体のシステムに関する態度に対して大きく影響する一方相互作用的公正が上司などの組織のエージェントに関する態度に対して大きく影響する，というエージェントシステムモデルは，メタ分析では結果変数の半分において支持されている（Colquitt et al., 2001）。

3. 「HRM-FP」研究への含意

1) ミクロ組織行動研究とマクロ組織行動研究の統合

　上述の文献レビューによって，組織的要因が組織メンバーの公正知覚をもたらし，さらに公正知覚が従業員の態度・行動・業績に影響するというプロセスが組織的公正の理論によって説明可能であることが確認された。つまり，HRM施策と従業員の行動の間に媒介変数として公正を設定することが理論的に有効であり，そのような理論的視点に立つ組織的公正モデルが「HRM-FP」研究に適用可能であることを示唆する。これは，より一般的に言えば，組織的公正研究とSHRM論との統合，さらにはミクロ組織行動研究とマクロ組織行動研究の統合にもつながる可能性をも意味する。

　まず，組織的公正研究にとって，マクロレベル変数（HRMシステム，企業業績）の導入は，ミクロレベルつまり個人の置かれている状況とそれに対する認知・行動に限定されがちであった研究の焦点の拡大をもたらす。また，単一のHRM施策ではなく複数のHRM施策の有効性や交互作用を公正という点から検討することができる（Colquitt et al., 2005）。たとえば，複数の施策が同

時に存在することでお互いの機能を補完しあい高めあう一方で，単一の施策の失敗がシステムとしての施策群の効果を阻害することも公正という視点から解明できる。

他方，SHRM論にとっても，組織的公正モデルの導入は意味がある。というのは，SHRM論の多くの理論がマクロレベルで構成されており，ミクロレベルの媒介過程がブラックボックス化されているからである。そこで，SHRM論にミクロレベル変数として個人の行動を想定する行動アプローチが導入されてきたが，組織と個人の行動の結節点（小林，2004）または，両者をつなぐ絆（大渕，1998）として，公正が有効な説明力を持つことが考えられる。

2) 公正概念の拡張と統合

組織的公正モデルは「HRM-FP」研究に適用可能であり，ミクロOBとマクロOBの統合をもたらす可能性があるが，そのための課題の1つが公正概念の拡張である。つまり，分配，手続き，相互作用だけでなく，システムという次元を組織的公正に含める必要がある，ということである。システムの公正とは，報酬分配における組織全体の公正を意味する。このような考え方は，それぞれニュアンスが異なるものの，様々な研究者によって提案されている（Sheppard, Lewicki, & Minton, 1992; Brickman, Folger, Goode, & Schul, 1981; Beugre & Baron, 2001; Bowen & Ostroff, 2004）。例えば，Sheppard et al. (1992) は，公正判断の規準を3つの次元（レベル，目標，原則）で分類し，そのうちレベル次元をさらに，結果，手続き，そして結果と手続きが埋め込まれた「システム」の3つに分けている。また，Brickman et al. (1981) は，個々人にとっての報酬の公正（ミクロ公正）と社会全体での報酬の公正（マクロ公正）を区別すべきであると主張している。さらに，Bowen & Ostroff (2004) も，HRMの施策群が分配，手続き，相互作用という3つの公正次元を達成する際の基準に従っているかどうかについての従業員の知覚をHRMシステムの公正と呼んでいる。

システムの公正を公正概念に含める必要性は以下のような点に基づいている。まず，組織の中で，個人は現時点での処遇だけでなく，過去の処遇や他の従業員への処遇も公正判断に関係づける（Shore & Shore, 1995）。第2に，シ

ステムの公正の方が，分配・手続きの公正より従業員の態度・行動に大きな影響を与える可能性がある（Shore & Shore, 1995）。第3に，ミクロ公正とマクロ公正の判断規準が異なり，両者が対立する可能性がある（Brickman et al., 1981; Sabbagh, 2002）。つまり，ミクロ公正を高めることが社会全体のマクロ公正を損なう場合がある。第4に，上述のように，組織の要因たとえばHRM施策は個々に従業員に影響するのではなく，複数の施策が交互作用しながらシステムとして効果を発揮する。最後に，従業員は，労働環境内の微視的な刺激にではなく，より一般的・巨視的な印象に対して反応し（Litwin & Stringer, 1968），HRM施策の場合であれば，特定の施策に個別に反応するのではなく，可能な限りすべての情報に接して解釈を行う（Jackson & Schuler, 1995）。

3）クロスレベル理論の導入

組織的公正モデルが「HRM-FP」研究に適用する際の課題は，クロスレベルまたはメゾレベルの理論（Rousseau, 1985; House, Rousseau & Thomas-Hunt, 1995）を導入するということである。これらの理論は，異なるレベルの現象の間の因果関係をモデル化する。その点からすると，「HRM-FP」研究への組織的公正モデルの適用は，組織レベルから個人レベル（そして個人レベルから組織レベル）への影響を扱うクロスレベル理論ということになる。

クロスレベル分析の必要性の根拠をあげるとすれば，組織現象がそもそも複数の分析レベルの過程，つまり組織レベルと個人・集団レベルの過程が相互に連関している現象だからである。「HRM-FP」の関係についても同様な特徴が存在するが，実際のところ研究の多くは個人レベルのミクロ理論を前提としている。例えば，メタ分析の結果（Cohen-Charach & Spector, 2001）で指摘されているように，多くのフィールド研究ではHRM施策についての個人レベルの認知と公正知覚の相関分析が用いられている。本来のクロスレベル理論を前提にした研究を行うためには，組織レベルのマクロ変数をモデルに取り込む必要がある。複数のレベル間にまたがるモデル設定や分析の問題については，次章でレベル問題として詳述する。

第6章
プロセスとレベルをめぐる理論的課題

1. SHRM論におけるプロセスとレベルの問題

　序章で述べたように，SHRM論がHRM論と異なる点の1つは，HRM施策が企業業績に及ぼす影響に焦点をあてていることである（Welbourne & Andrews, 1996; Delery & Doty, 1996; Huselid, 1995）。しかし，SHRM論の中心的な2つの見方—システムパースペクティブ（水平的適合論）と戦略的パースペクティブ（垂直的適合論）—は，HRM施策とその従業員への影響が企業レベルの成果をもたらす過程を明らかにしていない（Bowen & Ostroff, 2004）。また，複数の学問領域から様々なモデルが提示されているが，影響がどのような過程によって生じるかについての一致した理論的な説明はなされていない。つまり，現在は，それらの整理・統合が必要な段階と考えられる。

　影響過程を説明しようとする際の中心的な考え方は，HRMと企業業績の間を従業員の行動が媒介するという行動アプローチである（図6-1）。SHRMの理論的枠組みが「企業の経営戦略が人的資源管理システムを決定し，それが従業員の行動に影響を与え，それが人的資源管理目標を達成させて，最終的に企業の効果変数に影響を及ぼす」（守島，1996）というプロセスを基本としているので，多くのモデルがこのアプローチに含まれる。本書でこれまでに紹介した，役割行動パースペクティブ，「ハイ・インボルブメント」モデル，コント

図6-1　行動アプローチ

ロールモデルの他にも「ハイ・コミットメント」モデルなどが挙げられる（Wright & McMahan, 1992）。

　HRMと企業業績の間を従業員の行動が媒介するという考え方に立って理論モデルを構成する場合，HRMや企業業績というマクロレベルの概念と従業員の行動というミクロレベルの概念を同時に扱う必要がある。このように異なるレベルの概念を扱う場合，調査データの適切な分析レベルやそこから引き出されるべき適切な結論について混乱や対立が生じやすいので，どのレベルで概念間の関係をモデル化し，測定し，分析すべきかという「レベル問題」への適切な対処が求められる。そして，理論モデル，測定，分析におけるレベルが一致しない場合問題が特に深刻である（Klein, Dansereau & Hall, 1994）。しかし，組織研究におけるレベル問題の検討は，統計的分析に中心的な焦点が当てられている。たとえば，個人レベルのデータから集合レベルへの集積はどうするのが正しいか，理論のレベルと合致するデータの分析をどのように行うべきか，複数レベルのデータをどのように分析すべきか等の問題である（Klein et al., 1994）。

　しかし，レベル問題に取り組む際は，測定や分析といった方法よりも理論が優先されるべきである。レベルに注意を向け，自らの研究概念のレベルを正確に表現することは，提案する理論が単一レベルか複数レベルかとは関係なく，すべての組織研究者にとって優先度の高い課題である（Klein et al., 1994）。つまり，レベル問題の根本にはレベルに関する理論の不明確さや不適切さがあると考えられる。レベルが異なれば，因果関係や要因が異なる可能性があり，異なる理論的明細化を必要とするかもしれないのである。

　そこで，本章では，HRMが企業業績に及ぼす影響のプロセスに関する理論について，これまでの章で紹介してきたものも含めて，改めてレベルの視点から問題点を整理し今後の課題を提示する。まず，複数のレベルを同時に扱う理論モデルの一般的な説明を行った上で，SHRM論のうち行動アプローチの主要なモデルについてプロセスとレベルの問題を順次検討し，最後にまとめを行う。従って，本章では，レベル問題のうち測定や統計的分析に関する議論は行わず，また各モデルの実証研究も必要な範囲での紹介にとどめている。

2. 複数のレベルを扱うモデル：ミックスレベルモデル

一般にレベルは事象の間の階層的関係を意味する。現実世界では単純なシステムから高次の複雑なシステムまで異なる階層（e.g. 有機体，集団，組織，社会，超国家的システム）が存在する。それらのうち組織研究で扱われる主なレベルは，個人，集団，組織である。

組織研究では，複数のレベルを扱うモデルについて一貫した用語の使い方はされていない（Klein et al., 1994）。メゾモデル（Cappelli & Sherer, 1991; House, et al., 1995; Ostroff & Bowen, 2000）と呼ばれることもあるが，本章ではRousseau（1985）に準拠してミックスレベルモデルと呼ぶことにする。

ミックスレベルモデルを構成する際のガイドラインの1つは，理論の一般化可能なレベルを明確に述べなければならないということである（Rousseau, 1985）。つまり，理論が妥当するレベルが常に明確になっている必要があると同時に，断りなく他のレベルに議論を拡げてはならない。

Rousseau（1985）によれば，ミックスレベルのモデルは大きく3種類にわけられる（図6-2）。1つは構成（composition）モデルで，これは機能的に類似していると考えられる異なるレベルの変数の間の関係を記述する（Rousseau, 1985）。例えば，満足感とモラール，個人的学習と組織学習といっ

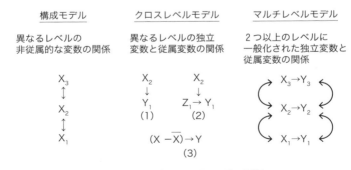

図6-2　ミックスレベルモデルの種類
(Rousseau, 1985, p.11.)

た組織関連の概念は機能的に類似のペアを示す。構成モデルは類似性の性質 (e.g. 同型，部分的に機能的な同一性，など）を記述する。同型的な現象は概念の節約によって組織過程の統合的理解を可能にするが，組織関係の文献では同型性の概念が暗黙のうちに過剰に使われているという指摘（House, et al., 1995）もある。

第2に，あるレベルの現象が他のレベルの現象に及ぼす効果についての因果モデルを明示するのがクロスレベルモデルである（Rousseau, 1985）。この理論は，以下の3つの形態をとりうる。(1) 独立変数と従属変数が異なるレベルにある場合（e.g. 所属部門の特徴が従業員の反応に及ぼす効果），(2) 高いレベルが低いレベルの関係の調整変数になる場合（e.g. 個人の目標設定と業績の関係が居住地域によって調整される），(3) 集団内の相対的な位置が従属変数に影響するという相対的効果を仮定する場合（e.g. 高学歴の集団と低学歴の集団において同一の大卒者が問題解決に及ぼす影響）。

第3に，2つ以上のレベルに適用される変数間の関係をモデル化するのがマルチレベルモデルである（Rousseau, 1985）。例えば，このモデルでは，2つ以上の変数間の関係が個人，集団，組織の各々のレベルで成立することが仮定される。そこでは，レベル間の概念の形式的な同一性が仮定されているので，モデルの検証を行うためには構成モデルを明細化する必要がある。加えて，各概念を生じさせる因果的決定要因を確認しなくてはならない。とはいえ，実際は同一の概念がレベルによって異なる意味や決定要因を持つことが考えられる（Rousseau, 1985; 古川, 1996）。以上のような条件があるため，組織文献ではこのタイプのモデルはまだ少数で，その完全な経験的検証も行われておらず，組織科学においてまだ探索が十分でないような現象についてはマルチモデルを構成するのは実際的でない（Kozlowski & Klein, 2000）と言われている。

3. 行動アプローチにおけるプロセスとレベルの問題

1）役割行動パースペクティブ

戦略コンティンジェンシー理論は，HRM 施策の企業業績への影響が戦略に

よって異なるという考え方に立ち，組織の戦略とHRM施策の適合のモデルを数多く生み出した（序章参照）。なかでも，役割行動パースペクティブ（Schuler & Jackson, 1987）は，戦略によって必要とされる役割行動が異なり，その行動を従業員から引き出しコントロールするがHRM施策であると仮定しているので，行動アプローチの代表例と言える。

HRMシステムが企業業績に及ぼす影響過程の理論的説明において，このモデルは媒介変数として従業員の役割行動を明確に位置づけ，その内容を明細化した点（特に，Schuler & Jackson, 1987）に意義を持っている。しかし，このモデルは媒介プロセスを説明する上で直感的な魅力を持つ（Wright & McMahan, 1992）一方，モデルが記述的と言い切れない，つまり規範的な部分を備えているので，実際に役割行動が媒介メカニズムを果たしていることを確認する必要がある（Snell, 1992）。また，Schuler & Jackson（1987）のモデルでは，媒介変数として従業員の知識・技能・能力（KSAs）が除外されているので，リソース・ベースト・ビュー（Barney, 1991; Wright, et al., 1994）のように人的資源（資本）を重視する立場からすると，モデルとして不十分であると考えられる（第1章参照）。また，機能的な組織にとって，従業員の役割遂行行動だけでなく，革新的・自発的行動，そしてシステムへの参入と残留の行動も必須である（Katz, 1964）とすると，従業員の役割行動の内容についても，さらに拡張した見方が必要かもしれない。

次に，レベル問題の視点からすると，このモデルでは媒介変数としての従業員の行動の概念レベルが明確になっていないという問題が指摘される。もし従業員の行動が個人レベルの概念であるとすれば，組織レベルの集合的な行動を媒介概念として想定したモデルに比べた説明力の優位性を指摘すべきである。また，異なるレベルの概念間を関係づけるクロスレベルのモデルも必要であり，とりわけ，個人レベルの行動から組織レベルの業績への影響過程の明細化（e.g. 創発の下位タイプの分類：Kozlowski & Klein, 2000）が求められる。

2）「ハイ・インボルブメント」モデル

このモデルは，組織のトップからボトムまで全成員が自分の状況をコントロールし事業に参加できるよう組織が設計されねばならないとする参加的経営

の一種である（序章参照）。そして，その参加的アプローチは，資源（報酬，知識，権限，情報）を一貫した方向で従業員に移譲させること，およびHRM施策間の内的適合性を重視している。

　HRMシステムが企業業績に影響を及ぼす過程についての理論的説明という点では，このモデルは媒介変数として従業員の動機づけ，満足感，意思決定の質，変化への受容性などを想定している。つまり，決定への参加が，高次欲求の充足の機会と達成可能な目標設定を通じて動機づけや満足感を高めると考える（Lawler, 1986）。

　しかし，HRMシステムが従業員の職務態度とりわけ組織目標へのコミットメントをもたらす心理的メカニズムが明確でなく（守島，1996），「ハイ・インボルブメント」HRMシステムが組織成果を生み出す過程がおおまかにしか述べられていない（Vandenberg, Richardson, & Eastman, 1999）。参加的アプローチの効果については，認知的要因（情報・知識・創造性の増大，理解の改善）や動機づけ要因（変化への抵抗の減少，決定に対する受容やコミットメントの改善，目標レベルの高度化）による促進的メカニズムだけでなく，認知・動機づけ両要因（集団思考，社会的手抜き，同調圧力，葛藤など）による抑止的メカニズムも指摘されているので（Locke & Schweiger, 1979; Sagie & Koslowsky, 1999），これらの要因を整理・統合した上でモデルに組み入れるべきであろう。

　また，レベル問題の視点から考えると，戦略コンティンジェンシーモデルと同様に，媒介変数としての従業員の態度・行動の概念レベルが曖昧であり，従業員の態度・行動を個人レベルの概念と想定した場合のモデルの優位性が明確でない，などの問題が指摘できる。

3）コントロールモデル

　前述のように，コントロールモデル（Ouchi, 1979; 1980; Eisenhardt, 1985; Snell & Youndt, 1995，など）は，HRM施策の機能をコントロール概念を用いて理論的に説明する（第4章）。このモデルは，コントロールタイプに基づくHRMシステムの分類，各HRMタイプの適合条件，HRMシステムと組織の効率性との関係などを理解する上で有効である。

他方，「HRM-FP」の影響プロセスという点で見ると，このモデルでは，コントロールシステムが成員行動に及ぼす影響過程や成員行動が組織効率性に及ぼす影響過程についてはほとんど触れられていない。むしろ，成員行動による媒介的な影響過程を説明する必要がない，と考えられている。人間行動に関して一定の仮定を設ければ，一定のコントロール条件下で人間がとる行動やその結果は同じなので，成員行動へのHRMの影響力の違いはコントロール条件を設定するためのコストに還元され，コントロールシステムの効率性が一元的に説明可能になるということである。つまり，成員行動による媒介過程を明示的に導入しなくてもHRMシステムと企業業績の関係が説明できることにコントロールモデルの利点があると考えられる。

しかし，前提条件としての人間行動に関する複数の仮定が同時に成り立ちうるか検証されねばならないし，もし限られた場合にしか成り立たないとすれば，モデルの一般化可能性という点で限界が考えられる。また，成員行動による媒介過程をモデルに導入することでより説明力が高まる可能性があり，実際にそのような試みがコントロールモデルの研究者の一部に見られる。例えば，Ouchi (1979; 1980) によれば，コントロールシステムの違いによって組織成員のコミットメントが異なり，コントロールシステムの取引コストの違いが成員の公正欲求によって生じるので，コミットメントや公正知覚がHRMシステムと成員行動の媒介変数になりうる。心理学を基盤とする組織的公正モデルだけでなく，経済学・社会学を理論的背景とするコントロールモデルが公正に注目していることは意義深い。

とはいえ，レベル問題については，コントロールモデルでほとんど検討されていない。組織成員の心理的側面に注目したOuchi (1979; 1980) でも，コントロールは組織レベル，態度・行動は個人レベルであることが想定されているが，実証研究では各概念のレベルの扱いは一貫していない。例えば，Ouchi & Maguire (1975) では，コントロールが上司と部下という個人レベルで測定され，概念間の関係も個人レベルで検討されている一方，Ouchi & Johnson (1978) では，コントロールも従業員の態度も企業レベルで測定され，概念間の関係も企業レベルで検討されている。

4) 組織風土媒介モデル

このモデルは「HRM-FP」の媒介変数として組織風土を導入する。この考え方は、SHRM論以前から存在する比較的古いもので（Litwin & Stringer, 1968; Lawler et al., 1974; James & Jones, 1976; Kopelman et al., 1990など）、また一般にSHRMの理論には含まれない。しかし、HRMというマクロレベル概念と従業員の行動というミクロレベル概念を媒介する上で有効であると考えられ、その点ではこれまで述べてきた人間行動を媒介変数とするSHRMの理論モデルと排他的でなくむしろ相互補完的な関係にある。例えば、Kopelman et al. (1990) によれば、HRMは組織風土、従業員の認知・感情的状態（仕事への動機づけ、職務満足感）、顕在的組織行動（アタッチメント、遂行、市民行動）を通じて組織の生産性に影響するとされる（図6-3）。つまり、風土概念は労働環境と従業員の態度・行動との関係を媒介する心理的過程である。

しかし、HRM施策と従業員の行動の媒介変数としての理論的な重要性が多くの研究者によって指摘されたものの、組織風土研究は長い間定義と測定の問題に追われ、その過程で風土には多様なそして対立する概念規定がなされてきた（Rousseau, 1988; Glick, 1988; Ostroff, Kinicki & Tamkins, 2003）。特定の労働環境の特徴に対して人々が付与する集約的な知覚または総計的意味としての組織風土の定義が広く認められている（Ostroff et al., 2003）という見方もあるが、概念規定をめぐる長い混乱の歴史を考えると、風土概念をHRMと組織業績の媒介変数として使う場合まず概念規定を明確にする必要があろう。

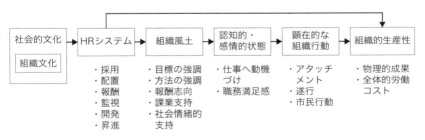

図6-3 風土・文化・生産性のモデル
(Kopelman et al., 1990, p.289.)

その点で注目すべきは，近年組織風土が一般的・全体的概念から特殊な目標や成果を中心とする戦略的概念に移行している（Ostroff et al., 2003）ことである。戦略的概念としての風土（e.g. サービス風土，安全風土）はSHRM論と適合的であると思われるので，「HMR-FP」の影響プロセスモデルへの導入が期待される。ただし，限定的な意味を持つ風土概念が「HMR-FP」の統合的・包括的な影響モデルを提供しうるかどうか今後検討されねばならない。また，組織風土をHRMと企業業績の媒介変数として導入するモデルのほとんどが一方向の線形的な因果関係を想定しているが，モデル内のホメオスタティックな相互依存関係（James & Jones, 1976）や企業業績からHRMへのフィードバックループを想定する必要性も検討されるべきであろう（第2章参照）。

　レベル問題の視点からみた場合，風土の定義問題の中心はまさにその概念レベルにあった。つまり，風土は個人レベルの概念か組織レベルのそれか，という問題である。この問題に対して，個人レベルを心理的風土，組織レベルを組織風土と区別し，2つのレベルで，HRM施策と従業員の行動の媒介過程をモデルする試みがなされている（Ostroff & Bowen, 2000; Bowen & Ostroff, 2004；図6-4）。つまり，このモデルでは，風土が「HMR-FP」の間のマルチレベルの関係を探索する際の重要な媒介概念（Bowen & Ostroff, 2004）として位置づけられている。さらに，HRMと従業員の行動の媒介変数として組織

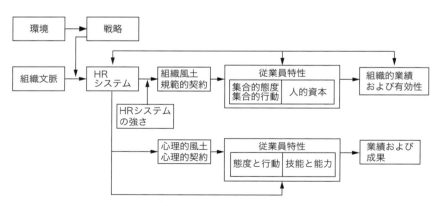

図6-4　「HRM-FP」のマルチレベルモデル
(Ostroff & Bowen, 2000, p.219)

風土の他に心理的契約（組織レベルでは規範的契約）が加えられ，風土と業績の媒介変数として従業員の技能・能力（組織レベルでは，人的資本）が導入されている点で，このモデルはHRMと企業業績に関する包括的・統合的な説明の枠組みを提示している。

5）組織的公正モデル

このモデルはHRM施策と企業業績の媒介変数として組織的公正を導入する（第5章参照）。このモデルも組織風土媒介モデルと同様，一般にはSHRM論の理論には含まれないが，公正はHRMと従業員の行動の媒介過程を説明する上で有効であり，その点で他のSHRMモデルを補完する可能性がある。

社会的状況における個人の反応を説明するものとして公正は古くから注目されてきた（Likert, 1961; Homans, 1961; Katz & Kahn, 1978など）が，近年は手続き的公正研究のなかで公正の持つ媒介効果がさらに注目され，「公正の絆」仮説（大渕，2004）とも表現されている。このような効果は組織場面でも確認されており，HRMと職務態度の公正媒介過程（小林，2001b; 2004; 2017b; 2018）や「HRM-FP」の公正媒介過程（小林，2002; 2016）のモデル化と実証も行われている。

レベル問題の視点から見た場合，媒介変数としての公正はほとんどの場合個人レベルの概念として，しかも心理的変数（公正知覚）として捉えられている。しかし，公正を社会的集合体のレベル（Jasso, 1980）や集団レベル（Mossholder, Bennett & Martin, 1998）の概念として位置づける研究や組織レベルの公正風土概念を導入した媒介モデルの提案（関口・林，2009）も見られるようになっている。また，前記の「HRM-FP」の公正媒介モデル（小林，2016; 2017a）も公正を組織と個人の2つのレベルで導入している。

そこで，今後は「HRM-FP」の媒介変数として組織レベルの公正概念を導入することも検討の価値があると思われる。ただし，集団や組織レベルで見た場合，公正を風土や文化とどのように区別するか，またそれらが個人レベルの公正概念をこえる説明力を生み出しうるかが重要な問題となるであろう（Gilliland & Chan, 2002）。

4. まとめと今後の課題

　本章では，SHRM論のうち行動アプローチの主要なモデルについてプロセスとレベルの問題を順次検討したが，その結果以下のようないくつかの問題点と課題を指摘することができる。

　まず，HRMが企業業績に影響するプロセスのモデル化はまだ不十分であり，また統一されていない。SHRM論の多くが暗黙に前提としている個人の行動の媒介という過程の明示化，さらにはHRMと行動を媒介する概念（風土，公正など）の導入が必要である。また，プロセスを統合的に説明するためには，従業員の行動だけでなく，人的資本などの変数も媒介変数として導入する必要がある。

　次に，HRMが企業業績に影響するのではなく，または同時に企業業績がHRMに影響を及ぼすというフィードバックループについても検討されるべきである。また因果関係の問題を検討する際は，時間の要因も考慮すべきである。つまり，どの程度の時間的スパンをとるかによって適切なモデルが異なる可能性がある。

　さらに，ほとんどのモデルでは，概念のレベルが明示されておらず，適切な概念レベルの吟味もなされていない。異なるレベルの概念を用いることによる説明力の増加の可能性を検討するべきである。「HRM-FP」の間に従業員の行動を媒介させるモデルでは異なるレベルの概念を扱うことなるが，その場合組織レベルのHRMが個人レベルの従業員行動に影響するクロスレベルの過程だけでなく，個人レベルの従業員行動が組織レベルの業績に影響するクロスレベルの過程もモデル化（創発のタイプの明示など）が必要である。また，組織と個人の両レベルで「HRM-従業員行動-FP」の関係を想定するマルチレベルモデル（例えば，Bowen & Ostroff, 2004）の詳細化と実証も今後の課題である。

第7章
「企業業績」概念をめぐる理論的課題

1.「企業業績」概念の理論的・方法論的問題

　1990年代以降,「HRM-FP」についての実証的研究が急増している（Wright et al., 2005）。また,文献データベースでHRMとfirm performanceをキーワードとして検索すると,その傾向は2000年代後半以降（2005～）さらに強まっている。そして,その研究は数の上だけでなく,アメリカでのHuselid（1995）の草分け的研究から始まり,フランス（d'Arcimoles, 1997）,ロシア（Fey et al., 2000）,韓国（Bae & Lawler, 2000）,日本（小林, 2001a, 2015, 2017a; 竹内, 2005, 2011）など国際的な広がりを見せている。

　経験的研究の蓄積は,「HRM-FP」研究への理論的・方法論的問題への反省をもたらしている。そのうちの1つが,「HRM-FP」に含まれる主要な概念（HRM, 戦略, 企業業績など）の定義と測定をめぐる一貫性の低さである。なかでも「HRM-FP」研究における重要な従属変数である企業業績概念は,理論的・方法論的検討が十分なされているとは言い難い。そこで,本章では,企業業績概念の理論的・方法論的問題,類似概念との区別,概念の検討から得られる「HRM-FP」研究への含意を検討する。

　まず,企業業績がどのように定義されているかを確認するため,心理学,社会学,経営学分野の代表的な日本語の辞書・辞典で調べると,企業業績は項目として掲載されていない。また,業績に関しても,心理学辞典（中島他（編）, 1999）のなかに「パフォーマンス（performance）」の項目があるだけである。そこには,社会心理学・産業心理学の文脈での用語として「企業における従業員の勤務実績や,作業を遂行した結果としての業績・成績」という個人レベルの意味が記載されている。これらの点からすると,企業業績の概念は,少

なくとも専門用語としてはあえて定義する必要がないと考えられているようである。Hannan & Freeman (1977) も，組織有効性概念を巡る議論のなかで，組織業績に関わる問題は概念的というより方法論的であると述べている。

しかし，企業業績については，方法論的な問題だけでなく，概念的な問題も指摘されている。例えば，組織の環境，戦略，構造，業績の相互関係に関する理論的な枠組みを提示した Hrebiniak (1989) は，枠組みの最後の部分である業績変数の定義と測定がしばしば困難であり，研究者によって一貫性がないことを指摘している。また，戦略と HRM の適合が業績に影響するという SHRM 論の中心的命題が経験的に一貫した支持を得ていない点について理論的・経験的問題の検討を行った Wright & Sherman (1999) は，HRM 施策と企業業績の関係を記述する研究が，モデルの中心的変数つまり HRM，戦略，業績の操作化において一貫性がないことを指摘している。

以上の点から，企業業績に関しては方法論的な問題が大きいにしても，その背景には概念の定義およびその操作化の多様性ないし一貫性の欠如が指摘できる。Meyer & Gupta (1994) によれば，組織研究とりわけ組織社会学において 1960-1970 年代に盛んだった組織の有効性や業績の研究が 1970 年代中ごろ以降衰えたのは，有効性が多次元的であることを示す研究結果が相次ぎ，単一の業績測度が使用できなくなったからである。また，彼らは業績測度の現状と歴史的変遷を調査し，(1) 数多くの業績測度が存在しそれと呼応して業績測定ビジネスが拡大している，(2) 業績測度の間に相関が見られない，(3) 優勢な測度が常に入れ替わり，時に劇的な変化が起こる，という事実を見出している。

Meyer & Gupta (1994) の指摘する最初の事実，つまり数多くの業績測度が存在する点については，他の研究者からも指摘されている。たとえば，Dyer & Reeves (1995) は，人的資源戦略に関する研究で使用される成果のタイプとして，(1) 人的資源成果（欠勤率，離職率，個人または集団の業績など），(2) 組織成果（生産性，質とサービスなど），(3) 財務的または会計的成果（ROI，ROA など），(4) 株式市場の成果（株価や株主配当など），を挙げている。

Meyer & Gupta (1994) が指摘した業績に関する 2 つ目の事実は，業績の定義に関する甚だしい不一致，および業績測度間の低い相関である。これらの

不一致は，最も一般的に用いられている業績指標同士が強く相関しあっているとすれば重大なことではないが，事実はそうではなく，戦略に関する文献における企業業績の経験的研究は業績測度の相関の低さをくり返し報告している（Meyer & Gupta, 1994）。

Meyer & Gupta（1994）の指摘する3つ目の点は，優勢な業績測度の変化である。彼らによれば，優勢な測度は，20世紀初めの財務測度とコスト測度から1920年代の会計測度へ，さらには1950-60年代の財務測度，そして最近の株主価値へと変遷してきた。企業内における人事部の位置づけの歴史を追ったJacoby（2004）も，1980年代以降人事部の影響力の低下とともに，株主利益重視の短期主義的財務主義が優勢になったことを指摘している。以上は，主にアメリカでの知見であるが，日本企業でも，1990年代に入って「グローバル化」，「IT革命」，「金融革命」という3つの構造的な背景から，会社それ自体の存続や成長よりも利益率が重視されるようになった（岩井，2003）。

以上のような企業業績の概念と測度の一貫性のなさをもらたすものとして多くの研究者が指摘する第1の要因は，業績を定義し測定するレベルの違いである（Hanan & Freeman, 1977; Hrebiniak, 1986）。伝統的に産業経済学者は全体経済のレベルで，戦略研究者は企業や事業単位で業績を定義するのに対し，産業・組織心理学者は集団や個人レベルで業績を定義する。また，第6章で指摘したように，定義と測定のレベルが異なる場合，例えば業績を組織レベルで定義し集団・個人レベルで測定した場合，測定データをどのように集積するかという問題が生じ，問題への対処によって立場の違いが発生する。

2つ目の要因は，時間的パースペクティブである（Hanan & Freeman, 1977; Hrebiniak, 1986）。変化する環境のなかで，組織は1つまたは限定された環境状態に適応する構造を採用するか，どの成果にも特別結びつかないがほとんどの状況にうまく適用できるより一般化された構造を採用するか，という戦略問題に直面する（Hanan & Freeman, 1977）。選択された戦略によって業績についての見方や測度が異なることになる。また，戦略から業績が生じるまでの時間，逆に業績が戦略を導く時間についての組織的な知見がない現状では，業績を定義し測定する際にどの程度の時間枠が適切かが不明確である。

3つ目の要因は，業績の基準である。業績の基準は，組織のステークホル

ダーによって異なる。例えば，株主は株主価値，経営者と従業員は成長や雇用保障，消費者は品質とサービスを重要な指標とする。典型的な組織は多くのステークホルダーをもつので，研究者はこれらの様々な基準で業績を定義しなければならず，これは業績に関する知見の一般化可能性にとって特に致命的である（Hrebiniak, 1986）。

Meyer & Gupta（1994）によれば，以上のような業績に対する立場の違いは，いくつかのタイプとしてまとめることができる（表7-1）。このうち，まず最大化モデル（合理的選択モデル）は，企業業績を企業の長期的な価値の最大化と捉え，長期的な価値が現在の株価によって表されると考える。業績測度はその1つしかないので，測度間の相関は問題にならない。また，測度は変化しないし，変化への要求も抵抗も存在しない。

政治的モデルでは，最大化モデルとは異なり，単一の最大化項が存在しない。業績の定義は組織内の支配的な個人，しばしば社長の好みまたは組織内の支配的な連合の好みによって左右される。業績測度は支配的な個人や連合が変化することによって置き換わる。

表7-1　業績モデルの比較
(Meyer and Gupta, 1994, p.358：一部改変。)

	最大化モデル	政治的モデル	後援者モデル	ビジネスモデル	逆説的モデル
背景となる学問分野	経済学	政治科学	社会学／倫理学	ビジネス経営	組織理論
最大化されるもの	長期的価値	支配的連合の選好	社会福祉	複数の測度	複数の測度
使用される測度の範囲	一つの測度（株価）のみ	収束または分散	分散	時間的にずれる場合収束	分散
測度の変化	ない	ある	ある	言及がない	ある
変化の予測可能性	変化自体がない	予測不可能	予測不可能	言及がない	既存の測度の「衰退」は予測可能
測度の改良メカニズム	市場競争	改良が起こるかどうか不明確	改良がどのように起こるか不明確	1つの測度の改良が起こると次の測度に置き換わる	新しい測度が既存の測度と置き換わる

後援者（constituency）モデルは，業績の定義が組織内の支配的な人たちの好みよりも，むしろ労働者，サプライヤー，顧客，地域社会などの集団の好みによって決まると考える。組織は利益集団の集合と捉えられ，それらの利害は競合する。後援者モデルでは，社会福祉に近似する何か，しかしどれか特定の集団の福祉ではないものが最大化される。業績測度は複数あり，かつ一貫性がないことが想定され，全体の業績を完全に代表しうる単一の測度またはその組み合わせは存在しない。このモデルは業績測度の変化の方向や改良のメカニズムについて明確な言及をしていない。

　ビジネスモデルは，以上の3つモデルから生まれたヒューリスティックな道具であり，業績測度間にどのような関係がありうるかを記述する。たとえば，品質と財務業績といったかけ離れた成果の間の因果関係を同定することによって思考を整理する役目を果たす。このモデルでは，多様な業績測度の間に中程度の相関が想定されるが，業績測度の変化を説明する力はない。

　逆説（paradoxical）モデルは，上記のように相関の低いたくさんの業績測度が存在し，かつ優勢な測度が入れ替わるという事実を説明するため Meyer & Gupta（1994）によって提唱された。つまり，業績測度は時間経過とともに業績の高低弁別の力を失う傾向にあるので，既存の測度と相関の低い（つまり独立の）新しい業績測度が絶えず開発され続けると主張する。そして，その結果，業績とは何かが正確にわからないにもかかわらず組織コントロールが維持されるという業績のパラドクスが生じる。このモデルは，非合理的で不規則的な業績測度が有益であるという視点に立つ。

2. 「企業業績」に関連・類似する諸概念

　企業業績に関連または類似する概念には有効性（effectiveness），効率性（efficiency），生産性（productivity），成果（output/outcome）などがある。個人レベルではこれらの概念の区別について比較的一致した見方がなされている（Andrew & Beryl, 2002）。つまり，業績は組織に関係する行動や活動を個人が遂行する際の上達度を指す。そして，有効性はそれらの行動または活動か

ら生じた成果であり，典型的には観察された成果のレベルを一定の基準または目標と比較した際の比率として表現される。さらに，効率性は観察された成果のレベルをその産出に必要な資源と比較した際の比率として表現される。

しかし，集団・組織レベルでは，効率性のみ個人レベルの用語法と一致しているものの，それ以外の概念は一貫した使い方がなされていない（Campbell & Campbell, 1988; Andrew & Beryl, 2002）。その背景には，集団レベルの業績に取り組む学問領域の種類が多い（e.g. 心理学，経済学，社会学など）ことが考えられる。概念相互の包含関係についても，組織有効性のなかに効率性や生産性や組織成果を含めるという考え方（Campbell, 1977; Kahn, 1977; Etzioni, 1964）がある一方で，組織業績の中に有効性や効率性を含める見方（Ostroff & Schmitt, 1993）もある。

業績に関連する概念のうち，意味や用法が類似しており，また概念を巡る議論が繰り返されているのが有効性である。そこで以下では有効性概念についても検討することする。

有効性は，心理学，社会学，経営学分野の代表的な日本語の辞書・辞典には独立した項目として掲載されていない。ただし，経営学大辞典（第2版）（神戸大学経営学研究室（編），1999）には，「能率性」（efficiency）の項目のなかで，それと対比させる形でBarnardの「有効性」概念が紹介されている。Barnard (1938) によれば，組織がその目的を達成することが有効性であり，達成に貢献する人にとって犠牲よりも満足が大きいことが能率性である。そして，組織が存続するためにはそのどちらかが必要とされる。2つの概念のこうした対比は，Etzioni (1964) にも受け継がれている。

しかし，有効性概念は業績概念と同様に合意された定義がなく，概念的妥当性が不足している（Goodman & Penning, 1977; Way & Johnson, 2005）。有効性を一次元とみるか多次元と見るか，時間枠をどのような幅でとるか，支援者やステークホルダーの役割をどう捉えるか等によって有効性についての見方が異なる（Goodman & Penning, 1977; Way & Johnson, 2005）。

組織有効性の多様な概念化の背景には，組織そのものについての見方の違いがある。その代表的なアプローチは，目標（合理的）モデルと自然システム（生存）モデルである（Etzioni, 1964; Thompson, 1967; Kahn, 1977; Hannan &

Freeman, 1977; Campbell, 1977; Schein, 1980)。前者は，組織がそれぞれの目標達成をめざして合理的な意思決定を行う人たちによって構成されるという明示的な仮定を設けるのに対し，後者は，限られた数の組織目標を定義することは不可能であるという仮定に立ち，組織が長期的な生存可能性の維持という全体的な目標を採用すると考える。

　目標モデルは，有効性を目標達成として定義するので，目標との関係で有効性を直接的・具体的に研究することが可能になるが，組織の目標とは何かが最大の問題となる。つまり目標概念の問題である。組織目標は非公式的なレベルや下位レベルを含めて数多く存在し，時間的次元上でも短期と長期で違いがありうるので，目標を具体化・明細化する必要があり，目標について不一致がある場合どれを選ぶかについての根拠を明確化しなければならない（Kahn, 1977; Hannan & Freeman, 1977）。もし組織目標の概念化が難しいとすれば，目標と成果の一致度としての組織有効性の比較は同一組織内では意味があっても，組織間では意味がなく，有効性の比較に関する命題は検証不可能である（Hannan & Freeman, 1977）。

　他方，自然システムモデルは，組織有効性を組織の生存または成長と定義する。生存の定義には，生存の直接的要因としてみなされるシステム特性（e.g. 適応性，利益の最大化，下位システムの統合など）も含まれるが，成長概念とともにこれらの特性を研究対象にするのは難しい（Kahn, 1977）。

　組織の見方には，さらに政治的なモデルも存在する（Kanter, 1981; Tosi, 1992; Milgrom & Roberts, 1992）。そこでは，目標の合意や一致，普遍的な業績基準はなく，複数のステークホルダーが組織を自分達の目的達成のために利用し，自分達の利益を増やし，仕事をやりやすくするように業績基準を設定しようとする。有効性は複数のステークホルダーの支配的な同盟にとって好ましい効果が得られる程度を意味する。この立場では組織有効性の基準間には矛盾やトレードオフがありうる（Tosi, 1992）。

　政治的モデルを更に拡張すると，組織における有効性の内在的な特徴が有効性基準の逆説的な性質であり，さらに言えばほとんどの有効な組織が逆説，つまり矛盾，対立，非整合性によって特徴づけられるという考え方（Cameron, 1986）になる。Hall（2002）も，組織が複数の葛藤する環境的制約に直面する

一方，複数の葛藤する目標，内的・外的なステークホルダー，時間枠組みをもつという前提に立ち，目標，ステークホルダー，時間的枠組の違いによって組織有効性についての見方が異なると主張し，これを対立（contradiction）モデルと名づけている。こうした考え方は企業業績に関する逆説モデル（Meyer & Gupta, 1994）と共通する。

さらに，組織の非合理的な側面に焦点を当てる Weick（1977）は，組織有効性についての伝統的な考え方が短期的な適応に目を向ける点で近視眼的であり，道具的・目標志向的活動の強調や組織性の高さがむしろ組織有効性を低下させると批判し，より長期的な適応，過程における「喜び」，組織が自らとの間で行う対話によって有効性をセンスメークする過程を重視すべきであると主張する。

3.「HRM-FP」研究への含意

1）規範的・価値的概念としての企業業績

組織有効性の定義には価値的・規範的基準が含まれるので科学的研究の対象から除外すべきである（Hannan & Freeman, 1977）という意見に代表されるように，組織有効性概念の妥当性への疑問が現在も続いている。その点で，組織有効性ではなく企業業績を用いた「HRM-FP」研究はこの問題を回避しているように見える。しかし，有効性の代りにより特殊な組織成果を研究の基準として採用したとしても，特定の組織成果のどれを測定すべきか，どれを有効性と呼ぶかが次の問題になる（Kahn, 1977）。実際に企業業績概念を巡って様々な立場があり，企業自身が設定する業績基準にしても研究者が設定する業績基準にしても，なんらかの価値が混入することは免れない。その点からすると，「HRM-FP」研究においては，企業業績を規範的・価値的概念として捉え，どの立場からどのような価値基準で企業業績を定義するかを明らかにする必要がある。

2）企業業績の多次元性

前述のとおり，現在研究者が提案する業績モデルには様々な種類があり，さらに合理的モデル以外では複数の業績基準が想定されている。数多くの業績基準のなかから1つを選ぶ決定的な理論的根拠があれば，それを明示した上で「HRM-FP」研究を展開することもできる。

しかし，そのような根拠が見当たらないとすれば，複数のモデルや基準を相対化するという積極的なアプローチを採用することも考えられる。その場合，複数の業績次元の各々に対してどの HRM 施策のパターンが影響するか，その影響過程はどのように異なるか等を検討する必要がある（Ostroff & Bowen, 2000）。業績に関する4つの既存モデルを対比した枠組み（Quinn & Rohrbaugh, 1983）を使って組織特性と複数の業績基準の関係を検討した Ostroff & Schmitt（1993）の研究はその例である。

また，複数の業績次元を同時に扱うとすれば，次元間の相互関係やトレードオフも検討する必要がある。前述の対立モデル（Hall, 2002）や逆説モデル（Meyer & Gupta, 1994）のように，業績基準間の矛盾，葛藤，対立，逆説などがむしろ組織有効性に寄与する可能性も検討すべきである。さらに，組織有効性が高度の有効性と非有効性を両極とし中間に基本的有効性または均衡が存在する連続体であり，高度の有効性を示す組織特徴と非有効性を示す組織特徴は異なる（同じ特徴の裏表ではない）という Cameron（1984）の立場は，有効性と非有効性を別次元としてとらえる必要性，つまり高度の有効性をもたらす HRM と非有効性をもたらす HRM を区別して検討する必要性を示唆している。

3）組織内部から見た「HRM-FP」研究へのシフト

企業業績概念が価値・規範的要素を含み，かつ研究者の間に一致した定義がないとしても，上記2）のように様々な業績基準を相対化し多次元的なものとして研究することができる。しかし，業績の定義問題を回避するもう一つのアプローチがある。それは，組織内の人々が有効性問題について何らかの解決に至る過程を研究することである（Campbell, 1977）。組織のなかで業績はどのように定義されるか，その定義は共有されるか，業績基準はどのように選ばれ

るか，業績基準はなぜ，どのように変更されるか，などの問題である。それを「HRM-FP」研究に適用すると，HRM が有効性問題または業績基準問題にどのように関わるかを組織成員の視点から検討することになる。企業業績の定義，共有化，基準の選択，変更に対して HRM はどのような役割を果たすと考えられるか，その定義に基づく業績に対して HRM は影響を及ぼすと考えられているか，その業績が低下した場合 HRM に原因帰属されるか，業績低下は HRM にフィードバックされるか（例えば，Hirschman, 1970），などの問題が考えられる。

第 2 部
「ハイ・インボルブメント」モデルの実証

第8章
HRM ポリシー，HRM システムおよび企業業績の関係：横断的データ分析

1.「ハイ・インボルブメント」モデル

1)「ハイ・インボルブメント」モデルの理論的検討

「ハイ・インボルブメント」モデル (Lawler, 1986; 1992; Lawler et al., 1995) は，「システム4」(Likert, 1967),「クラン」モデル (Beer et al., 1984),「コーポラティズム」モデル (Lincoln & Kalleberg, 1990) など様々な名前で呼ばれる（そして，それぞれニュアンスの異なる）参加型 HRM システムの一種である（第6章参照）。階層的・垂直的雇用関係が生産的で質の高い労働力を確保する最善の方法であるとするコントロール志向アプローチないし「官僚主義的」モデル (Beer, et al., 1984) と対比してコミットメント志向アプローチとも呼ばれる。「ハイ・インボルブメント」モデルの特徴は，参加的アプローチの有効性が報酬，知識，権限，情報という4つの資源を一貫した方向で従業員に移譲するかどうかによって左右されるという HRM 施策間の内的適合性を強調している点である。

4つの資源に関する HRM 施策のうち，参加の促進という点で他の施策と適合的な報酬施策は，事業の成果に連動した報酬と能力・貢献度の伸長に連動した報酬である (Lawler, 1992)。事業の成果に連動した報酬施策は，ゲインシェアリング，プロフィットシェアリング，従業員持ち株，ストックオプションなど集団・組織レベルの業績と結びついた報酬制度である。ここで注意すべきは，個人の業績に連動した個人的インセンティブ報酬が通常従業員のインボルブメントを高めず，むしろチームワークや問題解決を阻害することもあるということである (Lawler, et al., 1995)。一方，能力・貢献度の伸長と連動した報

酬とは，能力や知識を獲得した従業員に報いるための技能ベースの給与制度である。

次に，知識に関する参加的施策とは，従業員が組織の事業に参加するのに必要な技能・能力を育てる施策のことである。そこには，集団的意思決定や問題解決の能力，リーダーシップ能力，事業（会計，財政など）を理解するための能力，品質・統計分析の技能，職務の技能など，様々な技能・能力の訓練施策が含まれる。

3つ目の権限に関する参加的施策とは，経営が従業員からの影響を受け入れること，つまり意思決定権限の委譲である。権限委譲施策としては，労使QWL委員会，従業員調査のフィードバック，QCやそれ以外の従業員参加集団，申告制度などが含まれる。

最後に，4つ目の情報共有に関する参加的施策とは，事業に関する情報を従業員に幅広く伝えることを意味する。情報共有の範囲は，企業の全体的な業績，部門の業績，従業員に影響を与える新しい技術についての事前情報，事業計画・事業目標についての情報，競争相手との業績比較の情報などが含まれる。

前述のように，これら4つの参加的施策を別々に導入するのではなく，同時に使うことが重要であるというのが「ハイ・インボルブメント」モデルの重要なメッセージである。施策間の水平的適合を強調する点，より一般的に言えば，組織を構成する部分は組織全体の中での役割を抜きにして評価できないというシステム論的な立場をとっている点がこのモデルの特徴である。そして，このモデルでは，これらの相互に適合的な参加的施策が組織メンバーの動機づけ，満足感，意思決定の質，変化への受容性を高めることによって組織業績に有意な影響をもたらしうるとされる。

しかし，このモデルは，第6章で述べたプロセスとレベルをめぐる問題以外にも重要な理論的問題を抱えている。その1つがHRMシステムと組織内外の要因との適合性である。システム論的な立場からすれば，HRMシステム自体が組織全体を構成する部分であるから，HRMシステムの有効性は他の組織要因にコンティンジェントなはずである。Lawler (1976) 自身も成果主義的報酬制度が企業業績に及ぼす影響は他の様々な組織要因によって左右されること

を指摘している。また，インボルブメントモデルが常にすぐれた成果をもたらすわけではなく，組織の遂行すべき課題が繰り返し的課業である場合には適合しないことも述べている（Lawler, 1986; 1992）。しかし，それらの要因は系統だった形で示されておらず，なぜそれらの要因に依存するかも明らかではない。産業，雇用形態，従業員の種類（ホワイトカラーかブルーカラーか）などとの適合性を明示すべきであろう（守島，1996）。日本企業のホワイトカラーの生産性の低さの背景にコミットメントモデルによる伝統的な管理の限界があるという見方（蔡，1998）は，コミットメントモデルに基づくHRMシステムと組織環境との適合性の問題に関わっている。

「ハイ・インボルブメント」モデルのコンティンジェンシー要因として興味深いのが，文化や社会という組織環境である。このモデルは日本の文化的・社会的文脈においても有効であろうか。Lawler（1992）は，このモデルが民主主義と人権尊重の価値を持つ社会と適合的であり，その点で欧米社会に限定されない普遍性を持つと主張する一方で，欧米社会で最善のアプローチと日本社会に適合的な経営スタイルとは異なるとも述べている。しかし，日本の大企業に典型的に見られる雇用システムをコミットメント極大化機能を持つ「コーポラティズム」モデルとして理解する立場（Dore, 1973; Lincoln & Kalleberg, 1990）においては，「コーポラティズム」モデルが文化的普遍性（収斂性）を持つとともに，日本の社会・文化により適合的であるとされている。その点からすれば，「ハイ・インボルブメント」モデルも同様に日本の社会・文化に適合的であると考えられる。

日本企業における「ハイ・インボルブメント」モデルの適合性を検討する際のもう一つの問題は，一口に日本企業と言ってもその中にはバリエーションがあるということである。日本企業の雇用システムが変化しつつあるとすれば，伝統的なシステムを維持している企業と変容した新しいシステムを持った企業では適合性が異なるであろうか。この問題は，HRM施策とHRMポリシーとの外的適合性という点から理解できる。日本企業の伝統的なHRMポリシーが「コーポラティズム」モデルやコミットメントモデルに依拠しているとすれば，それらのHRMポリシーと「ハイ・インボルブメント」施策はより適合的であると考えられる。つまり，「ハイ・インボルブメント」HRM施策が企業業績

に及ぼす効果は伝統的なHRMポリシーをとっている企業の方がそれ以外のポリシーの企業よりも大きいと考えられる。

また，伝統的なHRMポリシーと「ハイ・インボルブメント」HRM施策が適合的であるとすると，伝統的なHRMポリシーを持った企業の方がそれ以外のポリシーを持った企業より「ハイ・インボルブメント」施策を採用していると考えられる。1つは，企業が自社のHRMポリシーに応じたHRM施策を積極的・自発的に採用すると考えられるからであり，もう一つは適合的な施策を採用した企業は結果的に生存可能性が高まると予想されるからである。

2)「ハイ・インボルブメント」モデルの実証的検討

システムとしてHRM施策の有効性を主張する「ハイ・インボルブメント」モデルは，今のところ十分な実証的検証を経ていない。経験的研究のほとんどは個々のHRM施策に焦点を当て，全体的なHRMシステムを扱って来なかったからである（Huselid, 1995; Lawler, et al., 1995）。

しかし，近年質の良いデータと厳密な分析方法を用いたいくつかの調査研究がアメリカで報告され，「ハイ・インボルブメント」モデルを支持する結果が得られている。まず，Lawlerら（1995）は，1987から1993まで3回にわたるアメリカ大企業300～500社の調査によって「ハイ・インボルブメント」施策の普及状況を追跡するとともに，「ハイ・インボルブメント」施策の利用度が生産性指標（従業員1人当り売上げ高など）と財務指標（ROA, ROE, など）を有意に説明したことを報告している。同様に，アメリカとカナダにある生命保険会社49社とその従業員を対象とした調査でも，「ハイ・インボルブメント」施策群が従業員の認知と態度を通じて，そして直接的に企業業績（離職率とROE）に影響することが確認されている（Vandenberg et al., 1999）。

また，「ハイ・インボルブメント」モデルの直接的な検証ではないが，従業員のコミットメントを高めるHRM施策が企業業績を高めることを示す実証研究が蓄積されている。例えば，アメリカの30の小規模製鋼所を調査したArthur（1994）は，賃金の高さや給付・ボーナスの割合の高さといった報酬施策の特徴を含む「コミットメント」HRMクラスターが「コントロール」HRMクラスターに比べ，生産性や不良品率・離職率の点で優れていることを

見いだしている。また，世界各国に所在する62の自動車組立工場の調査を行ったMacDuffie（1995）は，集団・組織ベースの成果主義報酬施策を含む高コミットメントな「フレックスプロダクション」HRMクラスターが「マス・プロダクション」HRMクラスターに比べ生産性や財務指標が優れていることを示した。さらに，約1000社の全国サンプルのアメリカ企業の調査を行ったHuselid（1995）も，集団・組織ベースの成果主義報酬施策や業績評価ベースの報酬・昇進施策を含むHRMシステムが生産性や財務指標に有意な影響をもたらすことを報告している。以上のように，いくつかの調査がシステムとしてのHRM施策を取りあげてコミットメントを高めるシステムの有効性を確認しているが，その理論的背景は必ずしも明確に「ハイ・インボルブメント」モデルにあるわけではなく，HRMシステムに含まれる施策も多様であることに注意する必要がある。

日本企業を対象にした「ハイ・インボルブメント」モデルの実証的検討は，ほとんど見られない。わずかな例が，櫻井・余合（2011）による全国主要企業約100社を対象にした調査研究で，「ハイ・インボルブメント」型HRMシステムを持った企業の業績がすぐれていることが示されている。ただし，「ハイ・インボルブメント」型HRM施策の測定方法がLawlerら（1995）のオリジナルなものと異なる点に課題があり，その点を改善した上でさらに検証を行う必要性が示唆されている。

その他，「ハイ・インボルブメント」モデルの直接的検証ではないものの，日本企業を対象にシステムとしてのHRM施策と企業業績との関係を実証的に検討した研究がいくつか存在する。例えば，中小企業377社の調査データに基づいて，「制度化」と「生え抜き・年功重視か，中途採用・能力・業績重視か」という2つの労務管理ポリシー次元のクラスター分析から，「生え抜き養成・制度型」が売上・経常利益とも最も優れ，「生え抜き依存・非制度型」で劣っていることを見いだした研究（東京都立労働研究所，1988）や，ホワイトカラーのHRMの2つのポリシー次元を，長期的雇用と内部化された技能の形成（⇔雇用の外部化）と技能形成に基づく評価（⇔競争的評価）として，1,618社の調査データに基づくクラスター分析から，両次元ともやや低い「伝統型」，競争的評価は高いが外部化は高くない「競争的評価型」，両次元とも高い「移

行型」に分類し,「移行型」が収益や企業評価において最も低いことを示した研究（Morishima, 1996）などがある。しかし，それらの研究は理論的背景が必ずしも明確でなく，「ハイ・インボルブメント」モデルを直接的に検討したものではない。そこで，本章では「ハイ・インボルブメント」HRM システムと企業業績の関係を横断的データ分析によって検討する。

2. 調査研究

1) 調査の目的：概念モデル

　本研究で行った調査の目的は，HRM ポリシー，「ハイ・インボルブメント」HRM システム，企業業績という 3 つの概念間の関係を実証的に明らかにすることである（図 8-1 参照）。まず，第 1 の課題は，「ハイ・インボルブメント」モデルに基づく HRM システムと企業業績の関係を日本企業において検討することにある。第 2 の課題は，「ハイ・インボルブメント」HRM システムを持った企業はどのような HRM ポリシーのもとで業績が高いか，つまり HRM システムと HRM ポリシーの適合性の検討である。そして，第 3 の課題は，どのような HRM ポリシーのもとで「ハイ・インボルブメント」な HRM システムが多く見られるか，つまり HRM ポリシーと HRM システムの関係を検討することである。

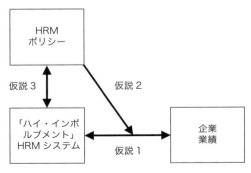

図 8-1　概念モデル

上記の理論的・実証的先行研究のレビューに基づけば，これらの概念間の関係は，以下のような仮説の形で設定できるであろう。

仮説1:「ハイ・インボルブメント」HRMシステムを持った企業はそれ以外のシステムを持った企業よりも企業業績が優れている。

「ハイ・インボルブメント」モデルの理論的予測は，相互に適合的な参加的施策が組織メンバーの動機づけ，満足感，意思決定の質，変化への受容性を高めることによって組織業績に有意な影響をもたらしうるというものである。そして，欧米での調査では予測を裏付ける結果が確認されている。

仮説2:「ハイ・インボルブメント」HRMシステムの有効性は，HRMポリシーにコンティンジェントであり，日本企業の伝統的なHRMポリシーにより適合的である。

日本企業の雇用システムが変化し，伝統的なシステムを維持している企業から新しいシステムに移行した企業まで多様性があるなかで，日本企業の伝統的なHRMポリシーが「コーポラティズム」モデルやコミットメントモデルに依拠しているとすれば，それらのHRMポリシーと「ハイ・インボルブメント」HRMシステムはより適合的であろう。つまり，「ハイ・インボルブメント」HRMシステムと企業業績のポジティブな関係は伝統的なHRMポリシーをとっている企業においてより大きいであろう。

仮説3:伝統的なHRMポリシーを持っている企業ほど「ハイ・インボルブメント」モデルに基づくHRMシステムを採用している。

伝統的なHRMポリシーと「ハイ・インボルブメント」なHRM施策が適合的であるとすると，伝統的なHRMポリシーを持った企業の方がそれ以外のポリシーを持った企業より「ハイ・インボルブメント」施策を積極的・自発的に採用するか，結果的に生存可能性が高まると予想されるので，現存の企業のなかでは，伝統的なHRMポリシーを持っている企業において「ハイ・インボルブメント」モデルに基づくHRMシステムがより多く見られるであろう。

2) 調査の方法

(1) 対象と手続き

調査対象は，1999年版の『東商信用録 東北版』に掲載された東北地方（宮

城, 山形, 岩手の3県) に事業所を持つ正社員100人以上の企業964社で, 企業の人事担当者宛に質問紙を2000年2月に郵送し, 記入してもらった後郵送にて回収した。3月末までに回収されたもののうち, 210通を有効とした (有効回収率21.8%)。有効回答企業の業種は, 製造業33.3%, 卸小売業26.2%, サービス業14.3%などである。有効回答企業のプロフィール (平均値) は, 資本金36.6千万円, 過去5年間 (1993-98) の売上の伸び115.5%, 経常利益の伸び95.9%, 2000年2月現在の正規従業員数233.7人, その5年前の正規従業員数240.8人, 女子比率30.0%, 男子の年令38.9才, 女子の年令34.3才, 離職者数 (定年を除く; 1998年) 14.8人, 労働組合に加入している従業員の割合25.3%である。企業の財務指標は, 2000年版の『東商信用録 東北版』に記載された1年間の売上高, 税引後利益 (原則として2000年3月の決算) を用いた。有効回答企業の売上高の平均は22,111百万円, 利益の平均は189百万円である。

(2) 質問紙

会社の概要 (業種, 設立年, 資本金, 売上高と経常利益の過去5年間の伸び, 企業環境, 現在と5年前の正規従業員数, 女子比率, 平均年令, 労組加入者比率, 離職者数), HRMポリシー (8項目), 報酬施策 (11項目), 教育訓練施策 (6項目), 権限委譲施策 (7項目), 情報共有施策 (5項目) についてたずねた。HRMポリシーについては, 日本的なHRMシステムが「長期的雇用と内部化された技能の形成」と「技能形成に基づく評価」という2つの原理に基づくという前提に立って, それらを代表すると考えられる項目 (Morishima, 1999に準拠) を選んだ。報酬施策, 教育訓練施策, 権限委譲施策, 情報共有施策は,「ハイ・インボルブメント」モデル (Lawler et al., 1995) に基づき, 各々報酬, 知識, 権限, 情報の4つの領域に対応する参加的施策をとりあげた。なお, HRMポリシーについては, 項目ごとに該当する程度を7段階で, 報酬施策以下の4つの制度については, 施策の適用対象となる従業員の割合 (%) を7段階で回答してもらった。

(3) データの分析方法

HRMポリシーの項目への7段階の回答に与えた1～7点の得点に基づいて因子分析を行い, 因子得点によるクラスター分析に基づいて, HRMポリシー

の類型化を行った。また，報酬，教育訓練，権限委譲，情報共有の4つの施策領域毎に，各質問への7段階の回答に与えた1～7点の得点に基づいて因子分析を行い，因子得点によるクラスター分析に基づいて，HRMシステムの類型化を行った。業績指標として，離職率（離職者数÷従業員数），従業員1人当りの売上高（売上高÷従業員数，以下売上高／人），売上高利益率（税引き後利益÷売上高）を用い，HRMシステムクラスターとHRMポリシークラスターによる二元配置分散分析を行った。その際，業績指標の最上位・最下位各1％のサンプルを除いた。また，HRMシステムクラスターとHRMポリシークラスターのクロス集計を行った。

3）調査の結果
(1) HRMポリシーの類型化
　HRMポリシー8項目の因子分析（主因子解，バリマックス回転）を行った結果，固有値の大きさ及び解釈可能性の点から，2因子解を採用し，第1因子を評価・報酬における業績主義志向（寄与率14.1％；以下「業績主義志向」），第2因子を人的資源の内部化志向（寄与率9.1％；以下「内部化志向」）と解釈した。ついで，これら2つの因子得点によってクラスター分析を行い，3クラスター解が妥当と判断した。そこで，HRMポリシーは，「業績主義志向」が低く「内部化志向」の高い「伝統型」，「業績主義志向」が高く「内部化志向」はさほど高くない「業績志向型」，「業績主義志向」はさほど高くなく「内部化志向」の低い「外部化型」の3つに分類された（図8-2）。

(2) HRMシステムの類型化
　4つの施策領域毎に因子分析（主因子解，バリマックス回転）を行った結果，固有値の大きさ及び解釈可能性の点から，各々の領域の第1因子のみを採用した。報酬施策は「グループベース報酬の利用度」（寄与率17.3％），教育訓練施策は「教育訓練の充実度」（寄与率52.8％），権限委譲施策は「職務権限委譲度」（寄与率42.2％），情報共有施策は「情報共有度」（寄与率49.1％）である。4つの因子得点によってクラスター分析を行ったところ，HRMシステムの4クラスター解が妥当と判断された。4つの施策領域全てにおいて低い「低インボルブメント型」，全体的に高い「高インボルブメント型」，情報共有度のみ高

106 第2部 「ハイ・インボルブメント」モデルの実証

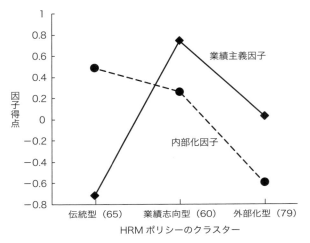

図8-2　HRMポリシーのクラスター分析の結果
（注）（　）内は該当する企業数。

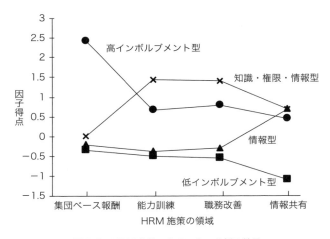

図8-3　HRM施策のクラスター分析の結果
（注）（　）内は該当する企業数。

い「情報型」,「グループベース報酬」以外の施策の利用度の高い「知識・権限・情報型」に分類された（図8-3）。

(3) HRMシステム・HRMポリシーと企業業績の関係

まず，3つの業績指標（離職率，売上高利益率，売上高/人）の相関を見ると，相互に有意な関係が見られないことが確認された（表8-1）。

次に，HRMシステム（4クラスター）とHRMポリシー（3クラスター）で企業を分類し，3つの業績指標との関係を検討した。4×3の二元配置分散分析の結果，売上高/人，売上高利益率については主効果・交互作用効果とも見られなかった。離職率については，交互作用効果が見られず，HRMシステムの主効果（$F(3, 179)=6.86, p < .01$）およびHRMポリシーの主効果（$F(2, 179)=7.81, p < .01$）がともに有意であった（図8-4）。多重比較の結果，HRMシステム4クラスターのうち「低インボルブメント型」は「高インボルブメント

表8-1 業績指標間の相関

	業績指標	平均	SD	1	2	3
1	離職率（%）	7.91	8.66			
2	売上高/人（百万円）	59.48	117.32	-.11		
3	売上高利益率（%）	1.03	4.11	-.10	-.02	

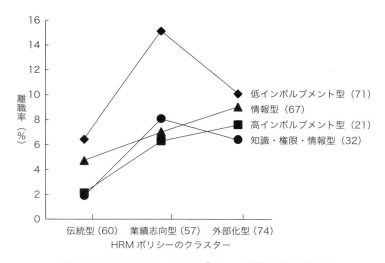

図8-4 HRMシステム・HRMポリシーと業績の関係：離職率
（注）（ ）内は該当する企業数。

型」や「知識・権限・情報型」より有意に高く,「情報型」は「知識・権限・情報型」より有意に高かった ($p < .05$)。また,HRM ポリシー 3 クラスターのうち「伝統型」は,「業績志向型」より有意に低かった ($p < .05$)。

(4) HRM ポリシーと HRM システムの関係

HRM ポリシー(3 クラスター)別に HRM システム(4 クラスター)の割合を比べたところ(図 8-5),有意な偏りが見られた($\chi^2 (6)=21.68, p < .01$)。残差分析の結果,「伝統型」ポリシーでは「低インボルブメント型」システムが多く($p < .05$),「高インボルブメント型」システムが少なかった($p < .05$)。また,「外部化型」でも「低インボルブメント型」システムが多かった($p < .05$)。逆に,「業績志向型」ポリシーでは「低インボルブメント型」システムが少なく($p < .05$),「高インボルブメント型」システムが多かった($p < .01$)。

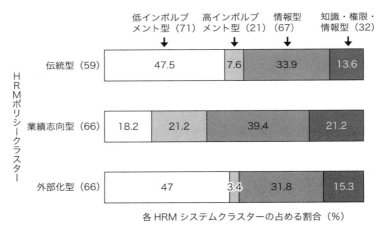

図 8-5 HRM ポリシークラスター別の HRM システムクラスターの割合

(注) ( ) 内は該当する企業数。分析毎に欠測サンプルを除いているので,該当数は他の分析と同じではない。

4) 考察

(1) 仮説の検討

まず,「ハイ・インボルブメント」モデルに基づく HRM システムがそれ以

外のシステムよりも企業業績において優れているという仮説1については，部分的な支持が得られた。HRMシステムの効果は，3つの業績指標のうち離職率について有意で，「高インボルブメント型」や「知識・権限・情報型」の企業の離職率が「低インボルブメント型」の企業よりも低かったことから，インボルブメントモデルを支持する結果と言える。

　しかし，全ての参加施策の採用において積極的な「高インボルブメント型」の業績が高いことは予想されたものの，「知識・権限・情報型」であっても離職率低下の効果が見られるということは，成果主義的報酬施策の採用という点では不十分であってもそれ以外の参加施策において積極的であればシステムの効果が得られることが示唆される。Lawler（1986）自身も参加プログラムの有効性の源泉である4つの施策間の一貫性が，乗算的つまりどれか1つでも欠ければ（0なら）全体の効果も無くなる（0になる）という非代替的な強い相互依存性を主張する一方で，HRMシステムと企業業績との関係の実証的検討では低インボルブメント型が他の型よりも低業績であった以外にHRMシステム間の差を見いだしておらず，施策間の代替的な弱い相互依存関係を前提とした加算的インボルブメント得点に基づく分析によって「ハイ・インボルブメント」モデルの企業業績への影響を見いだしている（Lawler et al., 1995）。つまり，少しでも多くのインボルブメント施策を採用すればそれなりの効果が得られるという，内的適合性の前提を否定しかねない結果とも言える。

　また，今回の調査の結果，離職率以外の2つの業績指標について仮説が支持されなかったので，「ハイ・インボルブメント」モデルに基づくHRMシステムが日本企業において十分な効果をもたらさない可能性も考えられる。つまり，Lawler（1992）の指摘のように，このモデル，さらに一般化すればコミットメント向上を通して業績を高めるというアプローチが日本社会や文化に適合的でない可能性である。もしかするといわゆる日本的なHRMシステムの有効性も実際はコミットメント極大化を通じたものではないかもしれない。労働者の組織コミットメントを直接調査すると日本の労働者の組織コミットメントがアメリカの労働者に比べて高くないという結果（Lincoln & Kalleberg, 1990）もそれに符合する。

　しかし，「ハイ・インボルブメント」モデルが日本企業で必ずしも有効でな

いもう一つの可能性は，Lawler の「ハイ・インボルブメント」モデルに基づくHRM システムがコミットメントを高める唯一のシステムではないことである。日本的雇用システムをコーポラティズム論の枠組でとらえようとする立場でも，コントロール志向アプローチの特徴である官僚組織が組織コミットメントを高めると考え，日本の文化により適合的であるとしている（Lincoln & Kalleberg, 1990）。また，今回の調査でとりあげた HRM 施策はアメリカ企業でも十分普及していない施策であり，当然日本企業にとっても馴染みの薄いものが多い。これら以外にもコミットメントを高める施策がありうるであろうし，報酬・知識・権限・情報を従業員に委譲する具体的な施策は企業や文化によって異なるであろう。日本企業の HRM 施策の実態に即した「日本的な」ハイ・コミットメント施策を取りあげた上で同種の調査を行うべきであろう。

「ハイ・インボルブメント」HRM システムの有効性が HRM ポリシーにコンティンジェントであるという仮説2については，分散分析で交互作用効果が見られなかったことから，支持が得られなかった。逆に言えば，離職率に対して見られた「ハイ・インボルブメント」HRM システムの効果は，企業の HRM ポリシーとは独立であり，それらと関係なく効果をもたらすとも考えられる。また，興味深いのは，HRM ポリシーも離職率に対して HRM システムとは独立の効果をもたらしていた点である。「伝統型」の HRM ポリシーをとっている企業では，他のポリシーをとっている企業よりも離職率が低く，それが「ハイ・インボルブメント」HRM システムの採用とは関係ないということは，「ハイ・インボルブメント」アプローチとは異なる施策やメカニズムを通じて離職率に効果をもたらしている可能性を示唆する。さらに言えば，日本的な HRM システムの特徴をコミットメント極大化の装置として考えるとしても，それを「ハイ・インボルブメント」ないし参加的アプローチの枠組では十分理解できないことも示唆される。

伝統的な HRM ポリシーを持っている企業ほど「ハイ・インボルブメント」モデルに基づく HRM システムを採用しているという仮説3についても，HRM ポリシーと HRM システムのクラスターによるクロス集計の結果から支持が得られなかった。HRM ポリシーによって HRM システムの選択に違いが見られたが，その関係は伝統的な HRM ポリシーを持った企業ではむしろ「高

インボルブメント型」が少なく「低インボルブメント型」が多い，という仮説とは逆の結果であった。また，「業績志向型」のHRMポリシーをとっている企業ではむしろ「高インボルブメント型」が多く見られる点も注目される。この結果は，「伝統型」のHRMポリシーをとっている企業が「ハイ・インボルブメント」アプローチとは異なる施策やメカニズムを通じて離職率を低下させているという前述の可能性をさらに補強する。

(2) 本研究の限界と課題

今回の調査結果と考察は，一般にHRMシステムと企業業績との関係を検討しようとする場合に直面する方法論的・理論的な問題によって限定を受けている。

まず，今回の調査では，基本的に全ての業種を対象にしたが，統計的に業種の影響を統制することはできるものの，HRMシステムの影響をよりきめ細かく検討するためには，業種を限定したり，各々の業種に特有の業績指標を取り上げる必要があろう。特に，HRMシステムが従業員の行動・態度を媒介にして業績に影響するという前提に立つ「ハイ・インボルブメント」モデルの場合，業績指標の中でも労働生産性をよりきめ細かく測定することが望まれる。また，今回の調査を含む既存の多くの調査では離職率を業績指標として取りあげているが，離職率を企業の戦略の指標と捉える必要もあるのではないかという指摘（Huselid, 1995）も検討すべきであろう。さらに，本調査において，業績を多次元的なものと捉え複数の指標を測定したところ，指標間に相関が見られないという逆説モデル（第7章参照）が指摘するような状況が見られたので，今後業績モデルについての検討がさらに必要となるであろう。

第2に，HRMシステムと一部の企業業績指標の間に関係があるとしても，その因果関係の方向も問題になる。HRMシステムが業績を高めたのではなく，業績が高まった結果「ハイ・インボルブメント」モデルを採用することができたのかもしれない。日本企業のHRMシステムにおける変容は，企業業績の急激な低下に対する反応であるという見方（Morishima, 1995）も可能である。その点では，少なくともHRMシステムと業績を異なった時点で測定する縦断的データ収集の必要があろうし，HRMシステムと業績の関係を媒介する変数としての「時間」（Likert, 1967）にも注目すべきであろう。そこで，次章

では，縦断的データによって因果の方向性を検討することにする。

　第3に，「ハイ・インボルブメント」モデルでは報酬・知識・権限・情報の一貫した方向での従業員への移行がどのように従業員の行動・態度に影響し，さらに業績に影響するのか，というプロセスやメカニズムに関する理論的根拠が必ずしも明確でない。今回の調査結果で明らかになった「ハイ・インボルブメント」HRM システムと企業業績の関係が前者から後者への因果関係であるとしても，その影響プロセスを明らかにする必要がある。また，本調査の結果，日本企業の伝統的な HRM ポリシーが企業業績に影響を及ぼすメカニズムは必ずしもコミットメント向上効果を通じたものではない可能性や，コミットメント向上効果を通じたものであるにしても「ハイ・インボルブメント」モデルが想定しているメカニズムとは異なる可能性が示唆された。これらの「HRM-FP」のプロセス問題に答えるためには，例えば，第5章・第6章で詳述した組織的公正アプローチや組織風土媒介モデルが有力な候補となりうる。そこで，第10章では従業員調査データを加えた上で，「HRM-FP」プロセスモデルの検証を行うことにする。

第9章

HRMシステムと企業業績の因果関係：
交差遅れ分析

1.「ハイ・インボルブメント」HRMシステムが
企業業績に及ぼす影響

　前章では，2000年に実施した企業調査データに基づいて，「ハイ・インボルブメント」HRMシステムを採用している企業の業績が一部の指標において優れていることを報告した。この結果は，「ハイ・インボルブメント」モデルが日本企業でも有効である可能性を示すが，HRMシステムと企業業績の両方ともほぼ同じ時期に測定されているため，両者の間の因果関係が確認できないという限界も指摘された。

　これは，欧米での多くの研究でも共通している点である。それらの研究では，「ハイ・インボルブメント」HRM施策と企業業績の正の関係を見出しているものの，因果関係が明確になるような調査デザインが採用されていない。例えば，Vandenberg et al. (1999) の研究では「ハイ・インボルブメント」施策と企業業績の因果関係モデルが検証されているが，データそのものは一時点の調査で収集されている。

　さらに一般化して言えば，「HRM-FP」の因果関係の問題は，「ハイ・インボルブメント」モデルだけでなく，SHRM論の理論・実証を通じた共通の課題である（序章参照）。理論的に様々な可能性のある因果の方向性を検証するためには縦断的なデータの収集・分析が最も適切であるが，Wright et al. (2005) の文献レビューによれば，因果の方向を確認できる研究デザインはほとんど用いられていない。そこで，Wright et al. (2005) は，1企業45事業単位の縦断データに基づいてHRM施策と企業業績の関係を分析し，HRM (t1)

と業績（t2）の相関だけでなく，業績（t1）とHRM（t2）の相関も見出したことから，両方向の因果の可能性を指摘した。さらに，彼らは，過去の業績（t1）でコントロールすると，HRM（t2）と業績（t3）の相関が有意なレベルでなくなったことから，時間的に前後するHRMと業績の関係が擬似的である可能性も指摘している。また，Massimino & Kopelman（2012）は，3年間の交差遅れデータを分析した結果，HRM（t1）と業績（t2）の相関と業績（t1）とHRM（t2）の相関はどちらも有意であり，2つの相関の強さに有意差が見られなかったことを報告している。これら数少ない交差遅れ分析の結果からすると，HRM施策と業績の因果の方向性についてはさらに理論的・実証的に検討する余地がある。

そこで，本章では，「ハイ・インボルブメント」HRM施策と企業業績の因果関係を縦断データで検証するため，2000年（t1）に実施した調査（調査1）とほぼ同じ内容の調査（調査2）を2014年から2015年（t2）にかけて東北地方の企業に対して実施した。そして，まず2014-15年（t2）の時点での横断データに基づいて，「ハイ・インボルブメント」HRM施策と企業業績の相関関係を分析し，2000年（t1）データと同じ結果（第8章参照）が得られるかを確認した。その上で，調査1，2両方に回答した企業を対象に，2時点のHRM施策と企業業績のデータに基づいて交差遅れ分析を行った。併せて，2つの調査の間に発生した東日本大震災（2011）の被害とそこからの復興状況を確認するとともに，HRMポリシー，「ハイ・インボルブメント」HRM施策の導入状況の2時点間（15年）の変化を分析した。

2．調査の方法

1）調査1（t1：2000年）

前章に記載したが，調査2との異同を確認するため，再掲する。

(1) **対象企業と手続き**：対象は，『東商信用録 東北版』（1999年版）に掲載された東北地方（宮城，山形，岩手の3県）に事業所を持つ正社員100人以上の企業964社で，企業の人事担当者宛に質問紙を2000年2月に郵送し，記入

してもらった後郵送にて回収した。3月末までに回収されたもののうち，210通を有効とした（有効回収率21.8％）。有効回答企業の業種は，製造業33.3％，卸小売業26.2％，サービス業14.3％などであった。有効回答企業のプロフィール（平均値）は，資本金366百万円，2000年2月現在の正規従業員数233.7人，年間の離職者数（定年を除く：1998年）14.8人，労働組合に加入している従業員の割合25.3％であった。企業の財務指標は，『東商信用録 東北版』（2000年版）に記載された1年間の売上高，税引後利益（原則として2000年3月の決算）を用いた。有効回答企業の売上高の平均は22,111百万円，利益の平均は189百万円であった。

（2）質問紙：会社の概要（業種，設立年，資本金，売上高と経常利益の過去5年間の伸び，企業環境，現在と5年前の正規従業員数，女子比率，平均年令，労組加入者比率，定年退職を除く離職者の数），HRMポリシー（8項目），報酬施策（11項目），教育訓練施策（6項目），権限委譲施策（7項目），情報共有施策（5項目）についてたずねた。HRMポリシーについては，日本的なHRMシステムが「長期的雇用と内部化された技能の形成」と「技能形成に基づく評価」という2つの原理に基づくという前提に立って，それらを代表すると考えられる項目（Morishima, 1996に準拠）を選んだ。報酬施策，教育訓練施策，権限委譲施策，情報共有施策は，「ハイ・インボルブメント」モデル（Lawler et al., 1995）に基づき，各々報酬，知識，権限，情報の4つの領域に対応する参加的施策をとりあげた。なお，HRMポリシーについては，項目ごとに該当する程度を7段階で，報酬施策以下の4領域の施策の導入状況については，各施策の適用対象となる従業員の割合（％）を7段階で回答してもらった。

2）調査2（t2：2014−2015年）

（1）対象企業と手続き：対象は，東京商工リサーチの企業データベース（2014年11月現在）に収録された東北地方（宮城，山形，岩手の3県）の従業員数上位912企業で，このうち調査1の回答企業は154社（倒産等で調査困難な企業を除く）であった。各企業の人事担当者宛に質問紙を2014年11月および2015年1月に送付し，郵送にて回収した。2015年2月末までに回収され

たもののうち，243通を有効とした（有効回収率26.6％）。このうち調査1の回答企業は50社であった。有効回答企業の業種は，卸小売業24.3％，製造業20.5％，サービス業13.0％，建設業13.0％などで，調査1に比べ卸小売業の割合が相対的に多かった。有効回答企業のプロフィール（平均値）は，資本金360百万円，2014年11月現在の正規従業員数246.6人，離職者数（定年を除く；2013年度）10.4人，労働組合のある企業は35.7％であった。企業の財務指標は，質問紙への回答に基づき，2013年度の売上高，税引後利益を用いた。有効回答企業の売上高の平均は11,661百万円，利益の平均は216百万円であった。

　(2)　質問紙：会社の概要（業種，2010年度と2013年度の売上高と純利益，2014年11月現在の正規および非正規従業員数，2013年度の定年退職を除く離職者数，労働組合の有無），東日本大震災の被害の有無，被害の種類，震災前後の事業活動・従業員数・HRM施策の変化，HRMの今後の課題，HRMポリシー，「ハイ・インボルブメント」HRM施策についてたずねた（詳細は別添資料(1)参照）。なお，このうちHRMポリシー，「ハイ・インボルブメント」HRM施策の項目については，調査1とほぼ同じであったが，表現を一部変え，項目の追加を行った。また，調査1, 2を通じて，質問紙のなかでは，HRM施策を人事制度という表現に換えている。

3）データの分析方法

　まず，調査2のうち，震災前後の事業活動，従業員数，HRM施策の変化については，回答企業全体243社の各質問の選択肢への回答比率を算出した。次に，調査1, 2の対象企業のうち，正規従業員100人以上の企業それぞれ172社，188社について，質問紙のHRMポリシーの8項目，4つのHRM施策領域の合計29項目への回答頻度（％）及び7段階の回答を1〜7に点数化した値（得点）を比較した。また，調査2の回答企業のうち正規従業員100人以上の企業について，4つのHRM施策領域毎に行った因子分析で得られたそれぞれの第1因子の得点に基づいてクラスター分析を行い，クラスター間の因子得点および業績指標を比較した。業績指標としては，離職率（離職者数÷従業員数），従業員1人当りの売上高（売上高÷従業員数：以下売上高／人），売上高

利益率（税引き後利益÷売上高）を用いた。さらに，HRM 施策全体の参加度を示す合成変数を作成し，2 回の調査に回答した企業 50 社のうち従業員 100 人以上の企業 32 社のデータに基づいて，調査 1，2 の HRM 参加度と業績指標の相関係数を算出した。また，共分散構造分析によって，交差遅れモデルを検証した。データ分析には，統計分析ソフト（SPSS ver.24, Amos ver.22）を用いた。

3. 結果と考察

1）震災からの復興状況と HRM 施策の変化

調査 2 の回答企業全 243 社のうち，東日本大震災で被害を受けたと回答したのは 85% であった（図 9-1）。被害の種類（複数回答）では，「機械・設備破壊」や「建物の全壊・半壊」が多く，「風評被害」は少なかった（図 9-2）。震災前後の事業活動の変化については，「減少後回復」や「増加傾向」が多かった（図 9-3）。正規従業員数は「やや増えた」や「ほぼ横ばい」が，非正規従業員数は「ほぼ横ばい」が多かった（図 9-4）。震災前後での HRM 施策の変化については，「変更はない」が多く，「大幅な変更を行った」のはわずかであった（図 9-5）。変更を行った企業の場合，その内容は評価における役割・能力・業績の重視，定年延長，非正規従業員の正規職員への登用，復職再雇用制度，被災地への派遣制度などであった。

以上の結果から，震災で多くの企業が主に物的な被害を受けたが，その後 3 年半が経過した時点では事業活動や従業員数は震災前の水準に戻ったところが多いことが確認された。また，多くの企業で HRM 施策は震災前後で変化していないが，変化させたところでは，雇用の維持・安定に向けた制度の導入・変更を行っていることが明らかになった。

118　第2部　「ハイ・インボルブメント」モデルの実証

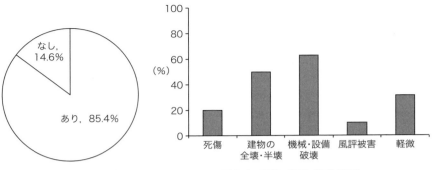

図9-1　震災被害の有無

図9-2　被害の種類（複数選択）

（注）被害のあった企業（n=193）を100とする割合。

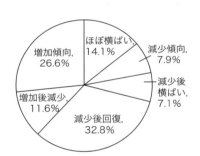

図9-3　震災前後の事業活動の変化

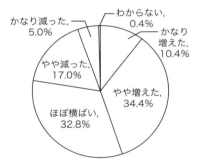

図9-4-1　震災前後の従業員数の変化：
　　　　 正規従業員

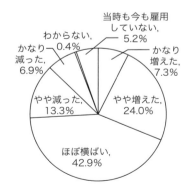

図9-4-2　震災前後の従業員数の変化：
　　　　 非正規従業員

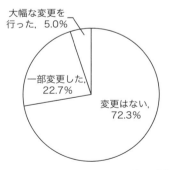

図9-5　震災前後のHRM施策の変化

2）HRMポリシーの変化

調査1，2の回答企業のうち，正規従業員100人以上の企業それぞれ172社，188社について，日本企業の伝統的なHRMポリシーを示す8項目に関する回答を集計したところ，あてはまる（「全くそのとおり」「ほぼそのとおり」「どちらかと言えばそのとおり」の合計）と回答した企業が多いのは，調査1，2とも定年までの雇用維持（「定年まで正規従業員をできるだけ辞めさせない方針である」），業績ベースの評価（「従業員の評価にあたっては，年功より業績を重視する」），少ないのはグループ別キャリア管理（「従業員のキャリアはグループ別（学歴など）に管理している」）であった（図9-6）。また，調査1，2で差が大きいのは，定年までの雇用維持と仕事内容ベースの給与（「給与体系は，年齢や家計よりも仕事内容に基づく」）の増加，非正規雇用の増員（「非正規従業員を増やしている」）の減少であった。ただし，2回の調査に回答した企業50社のうち従業員100人以上の企業32社について，7段階の回答を1〜7に点数化して平均値を比較したところ（対応のある t 検定），有意差が見られ

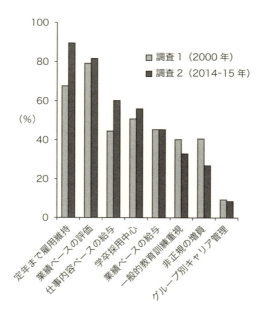

図9-6　HRMポリシー：2時点の比較

たのは定年までの雇用維持のみであった（$t(31)=4.64, p < .05$）。

　以上の結果から，2000年から約15年の間に，東北地方の企業においては，雇用保障の方針がより強まる一方で，評価・報酬での年功志向が低下していることが確認された。つまり，日本的なHRMポリシーの2次元のうちの「長期的雇用と内部化された技能の形成」の強化の方向が示され，日本的傾向への回帰が見られた。日本企業における長期雇用の傾向については1990年代以降弱体化しているという報告（加藤，2009；濱秋他，2011）がある一方で，2000年代後半から終身雇用を肯定する企業が増え始めているという報告（岡本ほか，2009）もある。本調査の結果は後者の方向と一致するが，長期的雇用の傾向を示唆するこれらの調査結果は人事担当者の回答に基づくものであり，労働移動データに基づくと前者のような結果になる可能性がある。また，震災被害を受けた企業が対象に多く含まれる今回の調査の場合，雇用保障の方針の強化は，上記1）のHRM施策の震災前後の変化についての結果のとおり，震災被害経験に基づく，または震災への対応として生じた限定的な反応として考えることもできる。

3) 「ハイ・インボルブメント」HRM施策の導入状況の変化：2時点の比較

　調査1，2の回答企業のうち，正規従業員100人以上の企業について，「ハイ・インボルブメント」HRM施策の導入状況を2時点で比較したところ，各施策の適用対象となる従業員の割合が過半数（7つの選択肢のうち「全員」「ほぼ全員」「大部分」）と回答した企業の割合は，教育訓練施策，情報共有施策では大きな差が見られなかったものの，報酬施策では，利潤分配制度，業績給，成果分配制度が，権限委譲施策では提案制度，意見調査が，調査1より調査2で多かった（図9-7）。ただし，2回の調査に回答した企業50社のうち従業員100人以上の企業32社について，7段階の回答を1～7に点数化して平均値を比較したところ（対応のあるt検定），有意差が見られたのは報酬施策の利潤分配制度のみであった（$t(30)=2.17, p < .05$）。

　以上の結果からすると，ここ約15年の間に東北地方の企業にも少しずつであるが参加型HRM施策の導入が進んでいると見ることができるであろう。ただし，同一企業への2回の調査の比較結果も併せて考えると，2時点での導入

第9章 HRMシステムと企業業績の因果関係:交差遅れ分析　　121

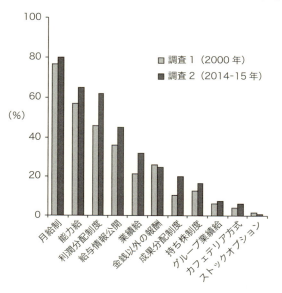

図9-7-1　報酬施策の導入状況:2時点の比較

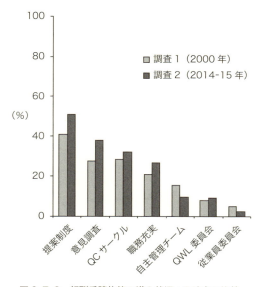

図9-7-2　報酬委譲施策の導入状況:2時点の比較

状況の違いには、対象企業の業種別構成の違いなどが影響している可能性も考えられる。

4)「ハイ・インボルブメント」HRM システムと企業業績の相関関係：調査2の結果

調査2の回答企業のうち正規従業員100人以上の企業について、4つのHRM施策領域毎に測定項目（報酬施策11項目、教育訓練施策6項目、権限委譲施策7項目、情報共有施策5項目）の因子分析（主因子法、バリマックス回転）を行った。その結果、報酬施策のみ2因子、それ以外は1因子が抽出された。そこで、それぞれの第1因子の得点に基づいてクラスター分析（Ward法）を行ったところ、回答企業は4クラスターに分類された（図9-8）。一元配置分散分析の結果、4つの施策（因子得点）全てでクラスター間に有意差が見られた（報酬：$F(3,172)=97.19$、教育訓練：$F(3,172)=14.59$、権限委譲：$F(3,172)=29.99$、情報共有：$F(3,172)=124.31$、すべて $p<.01$）。Tukey の HSD 法

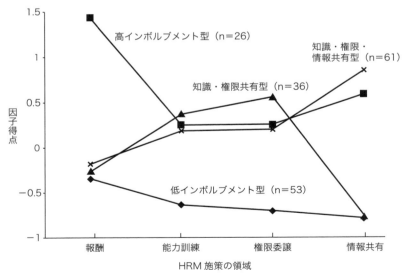

図9-8 HRM 施策のクラスター分析の結果
（注）（ ）内の数字は該当する企業数。

による多重比較の結果，報酬施策では高インボルブメント型とその他3クラスターとの間，教育訓練施策と権限委譲施策では低インボルブメント型とその他3クラスターの間，情報共有施策では高インボルブメント型および知識・権限・情報型とそれ以外の2クラスターの間で有意差が見られた（$p < .05$）。つまり，HRMシステムは，「ハイ・インボルブメント」HRM施策のうち4領域すべての利用度の高い「高インボルブメント型」，報酬施策以外高い「知識・権限・情報型」，教育訓練・権限委譲施策の利用度の高い「知識・権限型」，全てにおいて利用度の低い「低インボルブメント型」，の4タイプに分けることができる。

次に，クラスター間での業績の違いを検討するため，3つの業績指標について一元配置分散分析を行ったところ，売上高利益率には有意差が見られなかったが，離職率には有意差が見られ（$F(3,162)=2.77, p < .05$），TukeyのHSD法による多重比較の結果低インボルブメント型が知識・権限・情報型よりも有意に高かった（$p < .05$）（図9-9-1）。また，売上高／人にも有意差が見られ（$F(3,155)=3.26, p < .05$），TukeyのHSD法による多重比較の結果高インボルブメント型が知識・権限型よりも売上高が有意に多かった（$p < .05$）（図9-9-2）。調査1の結果と比べると，離職率にクラスター間の有意差が見られ，低インボルブメント型が知識・権限・情報型よりも有意に低い点が共通していた。

以上の結果，「ハイ・インボルブメント」HRM施策の4領域の導入の程度でHRMのタイプが分類可能であることが確認され，HRMのタイプによって企業業績が異なることも見出された。また，「ハイ・インボルブメント」HRM施策が幅広く導入されているタイプの方が高業績であることが明らかになり，日本企業ないしは日本という社会的・文化的背景のもとでも「ハイ・インボルブメント」モデルが有効であることが示唆された。

ただし，このような結果の解釈についてはいくつか留保すべき点がある。1つは，最も「ハイ・インボルブメント」施策を幅広く取り入れた高インボルブメント型が最も業績が高いとは限らず，低インボルブメント型が最も低いとは限らないことである。施策間の水平的適合性を重視する「ハイ・インボルブメント」モデルの考え方（Lawler, 1986）からすると，この結果は十分説明できない。この点は，調査1の結果と共通していた。

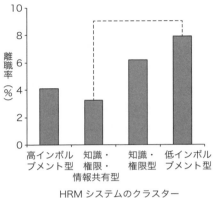

図9-9-1　HRMクラスター別の業績：離職率
（注）点線の間のみ有意差あり（$p < .05$）。

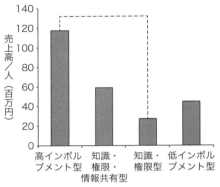

図9-9-2　HRMクラスター別の業績：売上高／人
（注）点線の間のみ有意差あり（$p < .05$）。

　2点目は，売上高利益率のようにHRMシステムによって違いの見られない業績指標があるということである。離職率や売上高／人が従業員の態度・行動が反映されやすい指標であるのに対して，売上高利益率は従業員以外の要因やプロセスが関与している可能性が高いことが考えられるが，いずれにしても，「ハイ・インボルブメント」HRMシステムの有効性は様々な視点から見る必要性があり，かつどの視点から見るかによって評価が異なることに留意すべきである。業績指標による結果の違いや業績指標間の相関の低さは，調査1の結果と共通していた。

　3点目は，前述のとおり，HRMシステムによって企業業績に違いがあっても，両者の間に一方向的な因果関係があるとは言えないということである。つまり，「ハイ・インボルブメント」HRMシステムを導入することによって業績が向上すると考えることもできるが，業績がよいと従業員に配慮したHRMシステムを導入することができるという「逆の因果関係」も考えられる。

5）「ハイ・インボルブメント」HRMシステムと企業業績の因果関係：交差遅れ分析

　HRMシステムと企業業績の因果関係をより明確に検証するために，同一企

業についてHRMシステムと企業業績を2つの異なる時点で測定しそれらの間の関係を比較する，いわゆる交差遅れ分析を行った。その際，「ハイ・インボルブメント」HRMシステムの指標として，4つのHRM施策領域毎に行った因子分析で第1因子の負荷量の大きかった合計19項目の平均点でHRMの参加度を示す合成変数（t1：α=.90；t2：α=.88）を作成した。次に，2回の調査両方に回答した企業50社のうち従業員100人以上の32社について，2時点のHRM参加度と企業業績（売上高／人，売上高利益率，離職率）の相関を算出した。業績指標の分布に偏りがあるため，スピアマンの順位相関を求めたところ，離職率（調査1：t1）とHRM参加度（調査2：t2）の間にのみ有意な負の相関（r=-.46, $p<.05$）が見られた。さらに，業績指標を対数変換した上で積率相関係数を算出したところ（表9-1），離職率（t1）とHRM参加度（t2）の間に有意傾向の負の相関（r=-.34, $p<.10$），売上高／人（t1）とHRM参加度（t2）の間に有意傾向の正の相関（r=.36, $p<.10$）が見られた。

また，企業属性変数（従業員数，資本金，業種，労働組合，操業年数）と

表 9-1　変数間の相関（N=32）

	変数	平均	SD	1	2	3	4	5	6	7	8	9	10	11	12	13
1	HRM参加度（t1）	3.4	.9	–												
2	HRM参加度（t2）	3.4	.9	.11	–											
3	離職率（t1）	6.4	.1	-.25	-.34†	–										
4	離職率（t2）	4.0	.1	.08	-.38*	.13	–									
5	売上高／人（t1）	64.1	139.7	-.14	.36†	-.28	.01	–								
6	売上高／人（t2）	46.2	38.3	-.06	-.20	.25	.03	-.12	–							
7	売上高利益率（t1）	1.7	.0	.20	-.02	-.09	-.01	-.41*	-.08	–						
8	売上高利益率（t2）	2.6	.1	-.16	.14	-.30	-.02	.53**	.18	-.05	–					
9	従業員数（t1）	276.2	324.4	.52**	.34†	-.28	-.27	.02	.18	.35†	.03	–				
10	資本金（t1）	35.9	75.8	.40**	.27	-.27	-.19	.56**	-.01	.05	.29	.44*	–			
11	業種（t1）	.1	.3	-.14	-.36†	.36†	.55**	.06	.11	-.01	-.07	-.34†	-.10	–		
12	労働組合（t1）	.3	.5	.11	.10	-.31	-.16	.35†	.10	-.14	.33	.23	.19	-.21	–	
13	操業年数（t1）	69.2	24.6	-.11	.24	-.38†	-.09	.27	-.06	.11	.17	.24	.15	.13	.14	–

†$p<.10$　*$p<.05$　**$p<.01$
（注）t1：2000年，t2：2014-15年。離職率，売上高／人，売上高利益率，従業員数，資本金，操業年数は自然対数変換値で積率相関係数を算出。業種（製造=1，その他=0），労働組合（有=1，無=0）はダミー変数。

HRM 参加度・業績指標の相関を確認したところ，従業員数や業種が HRM 参加度・業績指標の2時点両方に関係を持つ第3の変数となる可能性がうかがわれた。そこで，これら5つの変数の影響を除いた残差に基づいて共分散構造分析を行い，交差遅れ効果モデルの適合性を検証した。その結果，売上高／人を業績指標にした場合，モデルの適合度が十分な値を示し（χ^2=.680, df=2, p=.712; CFI =1.0; RMSEA =0），売上高／人（t1）から HRM 参加度（t2）への有意な正のパス（$p < .05$）がみられた（図9-10）。ただし，離職率，売上高利益率を業績指標にした場合は有意な交差遅れ効果が見られなかった。

　以上の結果は，約15年という長期的な時間の幅で見た場合，HRM 施策から業績への影響が見られないことを意味する。2時点の HRM 参加度と業績指標の間には有意な相関が一部見られたが，HRM 参加度（t1）と業績（t2）の間ではなく，業績（t1）と HRM 参加度（t2）の間であった。また，第3の変数となりうる属性変数の影響を除いた交差遅れモデル分析の結果からも，一部の指標において業績（t1）から HRM 参加度（t2）への影響が確認された。このことは，長期的にみた場合，HRM 施策と業績の間に関係があるとすれば，それは HRM 施策から業績への影響ではなく，むしろ業績から HRM 施策への影響つまり逆の因果関係であることを示す。

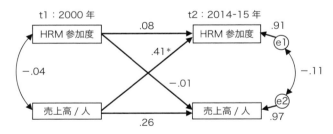

図9-10　交差遅れ効果モデルの検証：売上高／人
　　　（注）図中の数値は標準化偏回帰係数。$^*p < .05$

4. 総合的考察

　本章では,「ハイ・インボルブメント」モデルに基づく HRM システムと企業業績の間にどのような関係があるかを横断・縦断両データに基づいて検証した。まず,2014-15 年に実施された調査データに基づく横断的データ分析で両者の間に正の関係が見られ,この結果は,2000 年調査の結果とほぼ同じであった。この結果は,日本企業において「ハイ・インボルブメント」HRM システムと企業業績の関係が安定して見られることを意味する。

　しかし,交差遅れ分析によれば,長期的にみた場合両者の関係が一部の業績指標に限定されており,しかもその関係は HRM システムが企業業績に影響するのではなく,企業業績が HRM システムに影響するという逆の因果関係であることが明らかになった。そして,その関係は企業業績が高いと「ハイ・インボルブメント」HRM システムが導入される(逆に言えば,業績が低いと「ハイ・インボルブメント」HRM システムが廃止される)という正の影響であった。

　企業業績が HRM システムに影響するとすれば,それは業績の高い企業が余剰資源を HRM 施策に投資するからというのが 1 つの説明である(序章参照)。つまり,資源を従業員に分配したり,様々な従業員参加活動の促進に使うという方向で HRM に影響をもたらすというプロセスであり,逆に言えば業績が下がるとそのような投資を控えるようになると考えられる。その背景には日本企業における HRM についての考え方や人事機能を担う部門の位置づけがあるかもしれない。つまり,HRM システムによって戦略的・プロアクティブに企業業績を高めようとする SHRM の考え方よりも,企業の業績や現状に応じて事後的・リアクティブに HRM 施策を変えていく,いわゆる人事管理の発想が日本企業においてまだ一般的である可能性を示唆している。

　しかし,「ハイ・インボルブメント」HRM システムと企業業績の関係をめぐる上記の結果を一般化する前に,調査方法の限界も指摘しなければならない。1 つは,調査サンプルの偏りおよび特に交差遅れ分析におけるサンプル数

の少なさである。対象企業は，東北3県に限定されているだけでなく，稀有の震災を経験し，そのほとんどが被害を受けている。さらに言えば，今回の対象となった企業は，そのような逆境に置かれながら生き残った組織であるということである。特に，交差遅れ分析の対象となった企業は約15年間存続することができたと考えると，今回の結果には選択バイアスが影響している可能性がある。今後は，一定期間存続しえた，そして調査に繰り返し回答した企業が，倒産等で脱落したサンプルを含むその他の企業と，HRM施策，業績，その他の属性において違いがあるか検証する必要がある。

また，対象企業の特徴として，そのほとんどが中小企業であることも指摘しなければならない。日本企業に占める中小企業の割合を考えれば，規模（従業員100人以上）以外の条件を設けずに一定地域の全企業を対象とした今回の調査の結果として当然と言えるが，日本型HRMポリシーや参加型HRM施策が製造業の大企業により典型的に現れる（加藤，2001）とすれば，企業規模の点で今回得られた結果の一般性には限定が必要である。また，中小企業の場合もともとHRM施策を含む様々な制度の導入割合が大企業より少ないため，それを代替する別の要素（社長や経営陣の個別的判断など）が存在する可能性がある（脇坂，2014）。その点からすると，リーダーシップや組織風土など制度化されていない組織内過程における従業員参加的傾向をすくい上げるきめ細かな調査も求められるだろう。

交差遅れ分析におけるもう一つの限界は，2回の調査の時間間隔の長さ（約15年）である。縦断的データ収集においてどのくらいの時間の幅をとるのが適切かは調査方法の問題であるが，制度が業績に影響を及ぼすプロセスと変化の生じやすさについての理論的問題でもある。制度が業績に影響をもたらすまでに時間的なラグがあり，制度の成熟や深化には時間がかかる（加藤，2001; 2004）とすれば，数年では影響が検出できない可能性もあるが，逆に長い時間のなかで制度の陳腐化や形骸化が生じ，影響が低下・消滅する可能性もある。制度が業績に影響するとすれば，何が媒介するか，どれくらいの時間がかかるかという影響プロセスのモデルが求められる。そして，HRM施策と企業業績の間を従業員の態度・行動・能力が媒介するという考え方に立つ行動アプローチでは，さらに個人と組織という少なくとも2つのレベルでの影響プロセスを

理論化する必要がある（小林，2014）。以上のように，HRM 施策と業績の間の因果関係の方向と時間の問題は，非制度的要因を含む因果プロセスの説明という SHRM 論における別の大きな課題と結びついており，この点については次章でさらに検討する。

第10章
HRM システムと企業業績の媒介プロセス：
マルチレベル因果モデル分析

1. はじめに

　前章では，「ハイ・インボルブメント」HRM システムと企業業績の正の関係が最新データで改めて確認されると同時に，両者の関係が長期的にみると企業業績から HRM システムへという SHRM 論の想定とは逆の因果関係である可能性も見出された。また，短期的にみて SHRM 論に従った因果関係があるとしても，両者の関係を何が媒介するか，という影響メカニズムの解明が課題として指摘された。

　影響メカニズムの解明は，SHRM 論に共通するいわゆるブラックボックス問題である（序章，第6章参照）。本書でも理論編でこの問題についての様々なアプローチを検討してきたが，HRM システムと企業業績の媒介変数としてこれまで多くの実証研究で取り上げられているのが，従業員の知識・技能・能力（KSAs），動機づけ，機会，という3つの要素（AMO）である（Beer et al., 1984; Kopelman et al., 1990; Ostroff & Bowen, 2000; Delery & Shaw, 2001; Combs et al., 2006）。AMO モデルは，本書で検討したリソース・ベースト・ビュー，行動アプローチだけでなく，職務設計論，参加的経営論などを理論的背景に持っている。

　AMO の媒介効果は，高業績労働施策群（HPWPs）の有効性に関する実証研究のメタ分析のなかで確認されている（Combs et al., 2006; Jiang et al., 2012）。HPWPs は企業業績に寄与するとされる HRM 施策群で，具体的には，奨励報酬，訓練，報酬レベル，参加，選抜，内部昇進，人的資源管理計画，柔軟な仕事，業績評価，苦情処理手続，チーム，情報共有，雇用保障など多様な

施策を含んでいる。これらの施策群に共通するもの，つまりその有効性を統一的に説明するキー概念についても多様な見方があるが，その1つが従業員参加（加藤，2004; 小林，2015）である。従業員参加を促すという点で相互補完的な関係にある施策群としてHPWPsを捉える，つまり高業績労働システム（HPWS）と考えるとすると，「ハイ・インボルブメント」モデル（Lawler, 1986）や「ハイ・コミットメント」モデル（Walton, 1985）もHPWPSに含めて考えることができる。そして，これらの参加施策群は従業員のAMOを高めることによって企業業績を向上させると考えられる。

しかし，これらの媒介変数の影響の正負については考え方が一致しているわけではない。メタ分析の結果は，HRM施策が従業員に対してポジティブな影響をもたらし，それが業績向上につながることを示唆しているが，労働過程論の立場からは，HPWPsが従業員のストレス，労働強化，職務ストレインという犠牲の上に立って業績向上をもたらすという指摘もなされている（Ramsay et al., 2000）。インボルブメント施策の効果についても，それが従業員の満足感を高め，満足感が業績と正の関係を持つという相互利益モデルだけでなく，インボルブメント施策が従業員のストレスを高め，ストレスが業績に正の効果をもたらすという葛藤モデル，さらにインボルブメント施策がストレスの高まりと不満足感をもたらし，それが業績への正の影響を弱めるという中和効果モデルも考えられ，実証データでも「ハイ・インボルブメント」経営が従業員の職務満足感にネガティブな影響を与え，業績向上を抑制するという中和効果が見出されている（Wood et al., 2012）。

さらに，「HRM-FP」の媒介変数として従業員の能力や動機づけを想定する場合，いわゆるレベル問題も関わって多様なモデルが考えられる（第6章）。つまり，HRM施策と企業業績が組織レベルの概念であり，従業員の能力や動機づけが個人レベルの概念であるとすると，異なるレベルの概念間の影響をどのようにモデル化し，測定し，分析するかというレベル問題に対処しなければならない。組織業績は従業員個々人の業績の単なる集積ではなく，従業員の能力・動機づけと業績の間の影響過程は個人レベルと集合レベルでは異なっている（Ostroff & Bowen, 2000）。例えば，従業員の満足感と業績の関係は個人レベルよりも集合レベルの方が強い（Ostroff, 1992）。このように，HRM施策と

従業員の能力・動機づけそして企業業績の相互の影響過程が，個人レベルと集合レベルで異なるとすれば，因果モデルにも複数のレベルを導入することが考えられる（Ostroff & Bowen, 2000）。以上の文献レビューによれば，「HRM-FP」の媒介変数の種類についてはある程度合意があるものの，その影響の正負やレベルなどの点でまだ多様な見方が並存していると考えられる。

そこで，本研究では，Ostroff & Bowen（2000）および小林（2000; 2014; 2016）に準拠しながら，「HRM-FP」の媒介関係についての仮説的因果モデルを設定し（図10-1），それを検証するための調査を実施した。

仮説的因果モデルではまず，HRMシステムとして「ハイ・インボルブメント」モデル（Lawler, 1986など）に基づく施策群を設定し，「HRM-FP」の媒介変数として，組織レベルでHRM施策の集合的知覚（集合的HRM知覚）と集合的な向組織的認知・態度（集合的認知・態度）を想定している。労働環境に対する集約的知覚を組織風土と定義すれば，HRM施策の知覚もその一部と考えられるので，仮説モデルも組織風土媒介モデルの一種と考えることができる。また，組織成員個々人の知覚を心理的風土，成員に共有された知覚を狭い意味での組織風土と区別するとすれば，仮説モデルの個人的HRM知覚が心理的風土，集合的HRM知覚が組織風土に対応する。もう一つの媒介変数である集合的な向組織的認知・態度は，行動アプローチに基づいて導入されている。向組織的認知・態度には，公正知覚，仕事への動機づけ，組織コミットメン

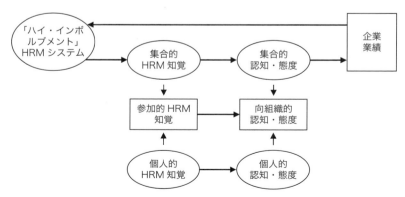

図10-1 「HRM-FP」媒介プロセスの仮説的因果モデル

ト，職務満足感が含まれており，それらの概念間の相互作用や媒介過程も想定可能であるが，仮説的モデルでは向組織的認知・態度の下位概念として位置づけている。向組織的認知・態度も組織レベルと個人レベルで想定しており，あえて言えばそれぞれモラールと職務態度に対応するものと考えられる。さらに，Ostroff & Bowen（2000）に準拠し，これら2つの媒介変数に個人と組織という2つのレベルそれぞれにおいて異なる影響関係を想定している。そして，因果の方向としては，HRMシステムから企業業績へという一方向ではなく，企業業績からHRMシステムへという逆方向の因果も想定している。前述のように，逆方向の因果関係は先行研究でその可能性が示唆されており，前章の交差遅れ分析でも確認されている。また，小林（2015; 2016）のモデル検証でも非逐次モデルつまり循環的な因果モデルの適合度が高いことが確認されている。

　仮説的因果モデルの検証のための調査は，前章で報告した調査2（2014-15年実施）の回答企業のうち協力の得られた企業で媒介変数測定のために従業員を対象に実施された。HRM施策，業績，媒介変数をそれぞれ異なる情報源から得ているので，共通の方法による分散（common method variance）の問題は避けられている。ただし，それら3つの変数の測定には大きな時間差がないので，因果関係の検証方法としては限界がある。そこで，データ分析では，まずHRMシステムのタイプ別に従業員の認知・態度，業績を比較した上で，マルチレベル構造方程式モデル分析によって因果メカニズムの検証を行った。また，同一のデータを用いた分析結果（小林，2016）の問題点を再検討し，上述のようにモデルを単純化させた上でデータに即した測定モデルを探索し採用する，という修正を行った。

2. 調査の方法

1）企業調査

第9章で報告済みであるが，確認のため再掲した。
(1) **対象企業と手続き**：対象は，東京商工リサーチの企業データベース

(2014 年 11 月現在) に収録された東北地方 (宮城, 山形, 岩手の 3 県) の従業員数上位 912 企業であった。各企業の人事担当者宛にアンケートを 2014 年 11 月および 2015 年 1 月に送付し, 郵送にて回収した。2015 年 2 月末までに回収されたもののうち, 243 通を有効とした (有効回収率 26.6％)。有効回答企業の業種は, 卸小売業 24.3％, 製造業 20.5％, サービス業および建設業がそれぞれ 13.0％ などであった。有効回答企業のプロフィール (平均値) は, 資本金 360 百万円, 2014 年 11 月現在の正規従業員数 246.6 人, 離職者数 (定年を除く；2013 年度) 10.4 人, 労働組合のある企業は 35.7％ であった。質問紙への回答に基づく売上高の平均は 11,661 百万円, 利益の平均は 216 百万円であった。

(2) **質問紙**：会社の概要 (業種, 2010 年度と 2013 年度の売上高と純利益, 2014 年 11 月現在の正規および非正規従業員数, 2013 年度の定年退職を除く離職者数, 労働組合の有無), 震災被害の有無, 被害の種類, 震災前後の事業活動・従業員数・HRM 施策の変化, HRM の今後の課題, HRM ポリシー, 「ハイ・インボルブメント」HRM 施策についてたずねた。このうち「ハイ・インボルブメント」HRM 施策は, 報酬 (11 項目), 教育訓練 (6 項目), 権限委譲 (7 項目), 情報共有 (5 項目) という 4 領域の参加的施策の適用対象となる従業員の割合 (％) を 7 段階で回答してもらった (詳細は別添資料参照)。

2) 従業員調査

(1) **対象者と手続き**：企業調査に回答した 243 社のうち従業員調査の依頼に応じた 25 社に従業員用質問紙の配布を依頼し, 回答済みの質問紙を従業員自身から研究室宛に返送してもらった。2015 年 7 月までに回収された 490 通のうち所属企業不明などの場合を除く 24 社 454 人分 (1 社当たり 6〜57 人, 平均約 19 人) を有効回答とした。有効回答者の内訳をみると, 性別は男子 65.9％, 女子 34.1％, 年代は 10 代〜20 代 19.8％, 30 代 25.3％, 40 代 26.7％, 50 代 23.4％, 60 代以上 4.6％, 学歴は中学 1.1％, 高校 48.0％, 短大・高専 15.9％, 大学・大学院 34.4％, 未婚・既婚の別は, 未婚 36.3％, 既婚 (子供なし) 9.3％, 既婚 (子供あり) 54.4％, 転職歴は, あり 42.1％, なし 57.5％, 勤続年数は, 5 年未満 18.7％, 5 年〜10 年未満 22.1％, 10 年〜15 年未満 11.1％,

15年〜20年未満12.2％，20年以上34.5％，仕事の内容は，製造・技能職21.6％，事務職27.8％，サービス・販売・営業職30.6％，技術・開発・研究職5.1％，管理職7.7％，その他5.3％，勤務形態は，日勤88.3％，交替制11.7％，従業員区分は，正規社員98.2％，非正規社員（臨時・パート等）1.3％，職位は，一般社員56.4％，主任・係長クラス23.1％，課長クラス15.2％，部長クラス以上3.5％，その他1.8％，労働組合の加入割合は37.9％であった。

（2） 質問紙：回答者の属性（性別，年代，学歴，未婚・既婚の別，転職歴，勤続年数，仕事の内容，勤務形態，従業員区分，職位，労働組合の加入の有無），「ハイ・インボルブメント」HRM施策についての知覚（12項目），公正知覚（6項目），職務満足感（5項目），仕事への動機づけ（7項目），組織コミットメント（5項目）などについて尋ねた（詳細は別添資料(2)参照）。HRM知覚，公正知覚および職務態度については，「まったく違う」〜「まったくその通り」の7段階で評定してもらった。

3）データの分析方法
(1) HRMシステムのタイプ間の比較分析

まず，企業調査の回答企業のうち正規従業員100人以上の188社について，4つのHRM施策領域毎の因子分析で得られたそれぞれの第1因子の得点に基づいてクラスタ分析を行い，HRMシステムのタイプ分類を行った。その結果，4領域すべての施策の利用度の高い「高インボルブメント型」，報酬施策以外高い「知識・権限・情報型」，教育訓練，権限委譲施策の利用度の高い「知識・権限型」，すべての施策の利用度の低い「低インボルブメント型」の4タイプに分類された（第9章参照）。次に，従業員調査の回答のうち，HRM施策についての知覚（12項目），公正知覚（6項目），職務満足感（5項目），仕事への動機づけ（7項目），組織コミットメント（5項目），それぞれについて探索的因子分析（主因子法・バリマックス回転）を行い，各因子の尺度得点を算出した。HRM知覚は第1因子（参加主義）8項目（$\alpha=.86$），第2因子（業績主義）2項目（$\alpha=.51$），公正知覚は第1因子（手続き的公正）3項目（$\alpha=.76$），第2因子（分配公正）2項目（$\alpha=.84$），職務満足感は第1因子4項目（$\alpha=.85$），仕事への動機づけは第1因子7項目（$\alpha=.89$），組織コミットメ

ントは第1因子（存続）2項目（α=.85），第2因子（内在化）3項目（α=.69）で尺度を構成した。業績指標は，離職率（離職者数÷正規従業員数），従業員1人当りの売上高（以下，売上高／人），売上高利益率（税引き後利益÷売上高）を用いた。HRMシステムのタイプによって，従業員のHRM知覚，処遇の公正知覚，職務満足感，仕事への動機づけ，組織コミットメント，企業業績がどのように異なるかを一元配置分散分析で検討した。

(2) 仮説的因果モデルのマルチレベル分析

企業調査の質問紙のHRM施策領域の合計29項目について探索的因子分析を行い，さらに確認的因子分析によって二次因子モデル（一次因子：報酬，知識，直接的権限委譲，間接的権限委譲，情報，二次因子：「ハイ・インボルブメント」HRMシステム）の検証を行った。その結果適合度は高くなかったが（CFI=.836; RMSEA=.127），このモデルに従って「ハイ・インボルブメント」HRMシステムの構成概念得点（豊田，2007）を算出した。HRM施策知覚に関する12項目についても同様の手続きで，二次因子モデル（一次因子：参加主義と業績主義，二次因子：参加的HRM知覚）の検証を行い（CFI=.900; RMSEA=.087），参加的HRM知覚の構成概念得点を算出した。さらに，公正知覚，職務満足感，仕事への動機づけ，組織コミットメントの合計23項目についても同様の手続きで，二次因子モデル（一次因子：公正知覚，向組織的態度，二次因子：向組織的認知・態度）の検証を行い（CFI=.854; RMSEA=.118），向組織的認知・態度の構成概念得点を算出した。次に，二次因子分析を基に算出された「ハイ・インボルブメント」HRMシステム，参加的HRM知覚，向組織的認知・態度の各構成概念得点について相関を算出した。さらに，組織レベルの観測変数である「ハイ・インボルブメント」HRMシステムと業績指標については，企業の資本金，操業年数，業種を統制変数とし，個人レベルの観測変数である参加的HRM知覚と向組織的認知・態度については，従業員の性別，年代，職位を統制変数として残差を算出し，それに基づいて参加的HRM知覚と向組織的認知・態度の各得点の級内相関を確認した上で，Mplus ver.7（Muthen & Muthen, 2012）によるマルチレベル構造方程式モデル分析を行った。

3. 結果と考察

1) HRM システムのタイプ間の比較

　HRM の4領域つまり報酬（能力向上・企業業績に応じた報酬）・知識（教育訓練）・権限（職務権限委譲）・情報（情報共有）における参加度の組み合わせで分類された HRM システムの4つのタイプによって，従業員の HRM 知覚，公正知覚，職務態度（職務満足感，仕事への動機づけ，組織コミットメント），企業業績がどのように異なるかを一元配置分散分析で検討した結果，すべての変数においてタイプ間に有意な差が見られた（表10-1）。

　そこで，多重比較に基づいてタイプ間の差および等質的なグループを確認したところ，HRM 知覚については，意見聴取，決定への参加，技術情報の開示，能力訓練の機会等について肯定的に捉える参加主義的傾向が，高インボルブメント型 ＞ 知識・権限・情報型 ≒ 低インボルブメント型 ＞ 知識・権限型の順番で強く知覚され，能力・業績に基づく評価，業績に基づく給与等に関する業績主義的傾向についても，同様の違いが見られた。

表 10-1　HRM システムタイプ別の従業員の知覚・態度・および企業業績（N＝400）

HRM システムのタイプ（企業数：従業員数）	HRM知覚		公正知覚		職務態度				企業業績		
	参加主義	業績主義	分配結果の公正	手続き的公正	職務満足感	仕事への動機づけ	存続的組織コミットメント	情緒的組織コミットメント	離職率（％）	売上高利益率（％）	売上高／人（百万円）
知識・権限・情緒型（8：110）	3.92	4.17	4.17	4.13	4.42	3.96	3.91	3.89	2.40	5.60	46.60
高インボルブメント型（4：103）	4.30	4.57	4.36	4.40	4.79	4.49	4.39	4.38	3.98	4.50	71.93
低インボルブメント型（5：85）	3.83	4.28	4.06	4.13	4.44	4.09	3.84	3.86	3.35	2.28	64.59
知識・権限型（4：102）	3.46	3.85	3.95	3.92	4.22	3.89	3.67	3.66	4.51	7.16	19.66
合計（21：400）	**	**	**	**	**	**	**	**	**	**	**

$*p < .05$, $**p < .01$

（注）HRM 知覚，公正知覚，職務態度は，尺度値（1～7）の平均。分散分析の結果をアスタリスクで，多重比較の結果を数値間の線（$p < .05$）で示す。

公正知覚のうち，給与や評価などの報酬分配の結果についての分配公正，結果や決定がなされるまでの過程についての手続き的公正は，どちらも高インボルブメント型 ＞ 知識・権限・情報型 ≒ 低インボルブメント型 ＞ 知識・権限型 の順番に強く知覚されていた。

職務満足感は，高インボルブメント型 ＞ 知識・権限・情報型 ≒ 低インボルブメント型 ＞ 知識・権限型 の順で高く，仕事への動機づけは，高インボルブメント型がそれ以外の型よりも高かった。組織コミットメントのうち，会社との関係を続けたいという気持ちを意味する存続的組織コミットメントも会社への一体感や貢献意欲を意味する情緒的コミットメントも高インボルブメント型が高く，それ以外の3つの型と差が見られた。

企業業績を HRM システムの4タイプで比較したところ，離職率は，知識・権限・情報型が低く，それ以外の型と差が見られた。売上高／人は，従業員の公正知覚や職務態度と同じようなパターンで，高インボルブメント型 ＞ 知識・権限・情報型 ≒ 低インボルブメント型 ＞ 知識・権限型 の順であった。売上高利益率は，知識・権限型 ＞ 知識・権限・情報型 ≒ 高インボルブメント型 ＞ 低インボルブメント型の順であった。

2) 仮説的因果モデルのマルチレベル分析

まず，モデルに含まれる観測変数間の相関を確認したところ（表 10-2），組織レベルの観測変数同士（「ハイ・インボルブメント」HRM システム，業績指標），個人レベルの観測変数同士（参加的 HRM 知覚，向組織的認知・態度）の間の関係はほとんど有意であったが，異なるレベルの観測変数の間には有意な関係が一部しか見られなかった。

次に，個人と組織という2つのレベルで因果プロセスを想定することに意味や必要性があるかを確認するため，2つのレベルにまたがる変数として扱った参加的 HRM 知覚，向組織的認知・態度について，級内相関（ICC(1)）を算出した。その結果，HRM 知覚は .199～.227，向組織的認知・態度は .125～.148 の値となり，どちらも 0.1 を超え，かつ有意なレベルに達しており，デザインイフェクト（大谷，2014）の値も 2 を超えていた。これらの結果は，個人レベルで測定された2つの変数の値が，同一企業に所属するメンバー相互で類似

表 10-2　観測変数間の相関 (N=454)

	変数	平均	SD	1	2	3	4	5	6
1	「H.I.」HRM システム	.109	.622	—					
2	参加的 HRM 知覚	.003	.898	.151**	—				
3	向組織的認知・態度	-.002	.826	.069	.614**	—			
4	離職率	.037	.038	-.246**	-.032	-.012	—		
5	売上高/人	3.609	.978	-.284**	.012	.057	.314**	—	
6	売上高利益率	.025	.031	.326**	.138**	.151**	-.579**	-.089†	—

†$p < .10$, *$p < .05$, **$p < .01$
（注）「ハイ・インボルブメント（H.I.と略記）」HRM システム，参加的 HRM 知覚，向組織的認知・態度は，構成概念得点。離職率，売上高/人は対数変換値。

し，集合的 HRM 知覚，集合的認知・態度がメンバー間で共有されていることを示しており，マルチレベル分析を行う意味と必要性があると判断された。

そこで，3 つの業績指標ごとに仮説的因果モデルについてマルチレベル構造方程式モデル分析を行ったところ，離職率については適合度が高かったものの（CFI=1.000; RMSEA=.000），売上高/人（CFI=.975; RMSEA=.080），売上高利益率（CFI=.987; RMSEA=.070）については十分とはいえず，またどの業績指標でも従業員の HRM 知覚と認知・態度の間以外に有意なパスが見られなかった。そこで，仮説的因果モデルに 2 つのパス（集合的 HRM 知覚→企業業績，「ハイ・インボルブメント」HRM システム→集合的認知・態度）を加えたモデル修正（図 10-2）を行ったところ，離職率（CFI=1.000; RMSEA=.000），売上高/人（CFI=1.000; RMSEA=.000），売上高利益率（CFI=.991; RMSEA=.000）とも十分な適合を示し，有意なパスも増えたため，修正モデルを採用した（表 10-3）。

修正モデルでどの業績指標についても有意なパスが見られたのが，企業業績から「ハイ・インボルブメント」HRM システムへの正の影響であった。つまり，このパスは業績の向上が「ハイ・インボルブメント」HRM システムの採用を促すという影響で，企業が高業績から得た余剰資源を参加施策の利用に向ける可能性を示唆する。

さらに，どの業績指標でも参加的 HRM 知覚が向組織的認知・態度を高める

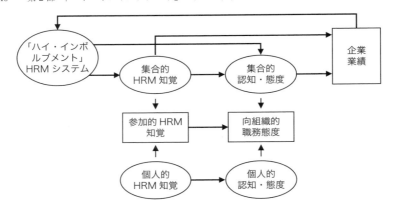

図 10-2 「HRM-FP」媒介プロセスの修正モデル

表 10-3 マルチレベル構造方程式モデル分析の結果

パス	業績指標					
	離職率		売上高/人		売上高利益率	
	推定値	p	推定値	p	推定値	p
〈組織レベル（$N=24$）〉						
「H.I.」HRM システム → 集合的 HRM 知覚	.279	.058†	.208	.195	.181	.272
「H.I.」HRM システム → 集合的認知・態度	-.063	.278	-.061	.328	-.107	.060†
集合的 HRM 知覚 → 集合的認知・態度	.841	.000***	.854	.000***	.797	.000***
集合的 HRM 知覚 → 企業業績	10.460	.287	-13.297	.325	-6.605	.055†
企業業績 → 「H.I.」HRM システム	-.981	.003**	1.036	.000***	1.149	.003**
集合的認知・態度 → 企業業績	-11.040	.380	15.448	.363	8.639	.048*
〈個人レベル（$N=454$）〉						
個人的 HRM 知覚 → 個人的認知・態度	.576	.000***	.575	.000***	.579	.000***

†$p<.10$　*$p<.05$　**$p<.01$　***$p<.001$
（注）推定値は非標準化解。

という影響が個人・集合の両レベルで確認された。また，その影響が個人レベル（個人的 HRM 知覚→個人的認知・態度）より集合レベル（集合的 HRM 知覚→集合的認知・態度）でより強いことが示されたので，マルチレベルで因果

プロセスを想定する意義が十分あると考えられる。

　また，売上高利益率を業績指標とした場合,「ハイ・インボルブメント」HRMシステムと集合的認知・態度の間，集合的認知・態度と企業業績との間に有意または有意傾向のパスが見られたことから,「HRM-FP」を従業員の認知・態度が媒介するという効果が部分的に支持された。ただし，それら2つのパスのうち一方は負の値なので，ポジティブな媒介過程を想定する「ハイ・インボルブメント」モデルとは異なる結果となった。また，従業員の態度・行動がより直接的に影響すると予想される業績指標（離職率や売上高／人）では媒介効果が見られなかった。

3）総合的考察

　HRMシステムのタイプによって従業員の知覚・態度および企業業績が異なるという前半の分析結果は，HRMシステムが従業員の知覚・態度を媒介して企業業績に影響し，かつ業績がHRMシステムにフィードバックされるという仮説的因果モデルと整合的である。また,「ハイ・インボルブメント」HRMシステムを採用している企業ほど従業員からHRMが参加的であると知覚され，公正性や職務態度もポジティブであり，一部の指標を除き業績も高い，という結果は,「ハイ・インボルブメント」モデルが日本企業でも有効であることを示唆する。

　ただし，全ての施策領域で参加度の高いHRMシステムの業績が常に最も優位ではなく，全ての施策領域で参加度の低いHRMシステムの業績が常に最も劣位ではないので,「ハイ・インボルブメント」HRM施策群の効果が単純加算的ではないことも示している。そして，HRM施策の束としての相互補完的な効果が，このモデルで想定されているのとは別の形で存在する可能性も示唆する。ただし，前半のデータ分析では，同一企業内での従業員の知覚・態度の類似性（非独立性）を考慮した方法がとられておらず，HRMシステム以外の要因が結果に影響する可能性も排除されていない点で因果モデルの検証方法としては限界がある。

　その点で，後半のデータ分析は，統制変数を導入し，かつマルチレベルで因果モデルを直接検証する方法を用いており，その結果修正版の仮説的因果モデ

ルの適合度が十分高かったことは，このモデルの妥当性を示すものと考えられる。特に，モデルのなかで明確に支持されたのは，HRMシステムについての従業員の知覚が公正知覚や向組織的態度に集合・個人の両レベルで影響し，企業業績がHRMシステムに逆方向に影響するというプロセスである。この結果から，因果プロセスをマルチレベルでかつ両方向で想定する必要性が確認されたと考えられる。

他方，仮説的因果モデルで部分的な支持に留まったのが，HRMシステムから集合的HRM知覚への影響，集合的認知・態度から企業業績へ影響という2種類の影響，つまり「HRM-FP」を従業員の集合レベルの知覚・認知・態度が媒介するという因果プロセスである。

従業員の集合レベルの知覚・認知・態度の媒介効果が部分的な支持に留まった方法的な問題としては，企業サンプルの少なさ，企業レベル変数の分散の小ささと偏りが考えられる。企業調査の対象サンプルは一定の地域・規模の企業の全数であったが，そのうちの回答企業，さらにそこから従業員調査協力企業という絞り込みの過程で，マルチレベル分析の対象が24社に減少しただけでなく，対象企業に偏りや類似性が生じ，選択バイアスが生じた可能性がある。特に，階層構造データの分析は，集団の人数の多さ，集団の数の多さ，集団の多様性という実現困難なデータ収集が基本的条件である（井手，2009）ので，今後はそのような条件を満たすべく，調査対象の拡大，サンプル抽出方法の改善などが課題となると考えられる。それと関連する方法論的な問題が，因果モデルに含まれる各概念の測定モデルの適合度が不十分であったことである。理論的な意味を失うことなく，同時に適合度の高い測定モデルを今後さらに探索する必要がある。

理論的な課題については，因果モデルのさらなる精緻化が必要である。本研究では，上記のような方法的な限界を踏まえて単純なモデル構成に留めたが，さらに複雑な媒介過程を想定すべきかもしれない。たとえば，今回は従業員のHRM知覚も認知・態度も二次因子モデルを採用したが，データへの適合は十分でなく，既存の概念（例えば，公正知覚）との対応も曖昧になったことからすれば，一次因子を直列または並列に媒介過程に含めるという修正が考えられる。また，AMOモデルのように，従業員の動機づけだけでなく，知識・技

能・能力，そしてそれらを発揮する機会（意思決定・コミュニケーションなど）も媒介過程に含めるべきであろう。そして，それらの過程には HRM が従業員にポジティブな影響を与えるという想定だけでなく，従業員のストレス（Ramsay et al., 2000）や破壊的コミュニケーション（Sagie & Koslowsky, 1999）といったネガティブな影響を含めることも検討すべきであろう。実際に，今回の修正モデルで追加したパスが有意傾向ながらマイナスの影響を示したことは，ネガティブな媒介過程や従業員の動機づけ以外の媒介過程が存在する可能性を示唆する。企業業績から従業員の態度への逆向きの影響プロセスを含めて，因果モデルの精緻化と実証的検証が今後さらに求められる。

終章
本書の意義と残された課題

1. 本書の概要

　人材マネジメントは企業の業績を高めるか？　本書は，この問いに答えようとしたささやかな試みである。この問いは，SHRM論の前提仮説であるとともに中心的なテーマでもある。本書の特徴は，迂遠と感じられるかもしれないが，しっかりとした理論的基礎を固めた上でこの問題にアプローチしようとしたことである。

　そこで，まず，SHRM論の現状と理論的な課題を検討したところ（序章），HRM施策と組織戦略との垂直的適合およびHRM施策相互の水平的適合が組織業績を高めると主張するSHRM論が，1990年代以降急激に発展し，HRM施策と企業業績の関係（「HRM-FP」）も実証されつつあることが確認された。しかし，SHRM論の未解決の課題として，「HRM-FP」の因果の方向性，両者を媒介する要因，それらの概念の分析レベル，の3つが指摘された。

　次に，これらの3つの課題に対する様々な理論的アプローチを検討した。それらは，SHRM独自の理論というより，心理学，社会学，経営学，経済学，システム論など基礎的学問分野からの応用であり，そのうちの1つが，戦略論におけるリソース・ベースト・ビュー（RBV）である（第1章）。RBVは，内部資源の戦略的重要性を指摘して1990年代以降戦略研究の新しい流れを作った。その主張は，経営資源が異質性と固着性を持つと仮定した場合，経営資源の価値，希少性，模倣困難性，代替可能性が競争優位の源泉になる，というものである。RBVがSHRMに応用された結果，内部資源としてのHRMや人的資本が競争優位の源泉になりうるという理論的根拠が提供された。そして，「HRM-FP」問題においても，資源としてのHRMの概念の幅を広げ，歴史

的・時間的要素を加えるなど重要な含意を持つことが指摘された。

　第2章では，科学の広範な分野で革新運動を引きおこしたサイバネティックスからの理論的アプローチが検討された。サイバネティックスは，情報のフィードバックによる制御技術を生み出すとともに，回帰的な因果関係という新たな見方をもたらした。このアプローチは組織研究にも導入され，組織コントロールの技術として利用されるとともに，組織学習モデルとして発展し，因果のネットワークとしての組織現象という見方を生み出した。「HRM-FP」研究においても，組織学習研究との連結，因果サーキットの一部としての「HRM-FP」の位置づけ，生態システムに配慮した業績概念の見直しなど新たな理論的視点を提供していることが指摘された。

　第3章では，サイバネティックスの流れを受け継ぐルーマンのシステム理論からのアプローチが検討された。システム理論では，組織という社会システムで起こる現象を因果法則ではなくシステム合理性（存続）を達成する上での機能という視点から説明する。そのような視点から見た場合，「HRM-FP」研究は，業績概念，機能主義的説明，HRMの逆機能，HRMと上位システムの関係，動機づけや組織コミットメントの意義，などの点で根本的な見直しが必要となることが指摘された。

　第4章では，主に経済学に理論的基礎を置くコントロールモデルを検討した。このモデルは，HRM施策が企業業績にもたらす影響を従業員の態度・行動のコントロールという視点から理論的に説明するもので，HRMシステムの分類次元の提示，コンティンジェンシー要因の整理，日本型HRMシステムの特殊性の説明などの点で評価される一方，コントロール概念の狭さ，媒介過程の説明の不足，業績基準の偏りなどの点で課題を持つことが指摘された。

　第5章では，心理学に基礎を置く組織的公正モデルを検討した。組織的公正理論は，組織的公正の形成メカニズムと組織現象への影響メカニズムを説明することによって，組織と個人をリンクする有効な概念を提供するとともに，ミクロとマクロのOBの統合をもたらしうる潜在的可能性を示した。組織的公正モデルは，「HRM-FP」の媒介過程を説明する上でも有望であるが，今後公正概念の拡張やクロスレベル理論の導入が必要とされた。

　第6章では，行動アプローチにおけるプロセスとレベルの問題を検討した。

これまでの4つの章で検討した様々なアプローチのなかで，コントロールモデルや組織的公正モデルのように「HRM-FP」の媒介変数として従業員の行動を想定する考え方を行動アプローチと呼ぶ。このアプローチは，「HRM-FP」の媒介プロセスを説明する上で有効であるが，同時に組織と個人という異なるレベルの概念間の関係をモデル化しなければならないという問題（レベル問題）に直面する。そこで，行動アプローチにおけるプロセスとレベルの問題を検討したところ，多くのモデルにおいて，概念のレベルが明示されておらず，異なるレベル間の関係を検討するクロスレベル研究が不足していることが指摘された。

第7章では，「HRM-FP」問題への様々な理論的アプローチに共通するもう一つの課題である企業業績概念の問題を取り上げた。「HRM-FP」研究の急増とともに，企業業績の定義，その操作化，類似概念（有効性，効率性など）との区別における一貫性のなさが問題として表面化したのである。業績について様々なモデルが提案され並存しているのが，この研究分野の現状である。そこで，「HRM-FP」研究においては，研究者の価値基準を明確にした上で特定の業績モデルを選ぶ，業績を逆説的・多次元的なものとして扱う，組織内部のメンバーが業績とは何かという問題（「業績問題」）を解決する過程に注目する，などの対応策が提案された。

最後の3つの章では，「HRM-FP」問題を実証的に検討した。企業業績に寄与しうるとされるHRM施策群（HPWPs）には様々なモデルがあるが，本書で取り上げたのは，施策間の内的適合性を強く仮定し，システムとしてのHRM施策群が従業員の参加を通じて業績を高めるとする「ハイ・インボルブメント」モデルである。このモデルは，欧米で有効性が確認されているが，日本企業においてはまだ十分な実証的検討がなされていないため，東北地方の約200社を対象に2000年に実施された企業調査データの横断的分析が行われた（第8章）。その結果，「ハイ・インボルブメント」HRMシステムを持つ企業の業績が一部の指標で高いことが確認され，このモデルが日本社会・文化という環境でも有効であることが部分的に支持された。

さらに，2014年から2015年にかけてほぼ同様の調査を行い，データの横断的分析で「ハイ・インボルブメント」モデルの有効性が再度確認されたが，

「ハイ・インボルブメント」HRMシステムと業績の因果関係の方向を明らかにするため，2000年のデータと併せて縦断的な分析を行った（第9章）。2回の調査の両方に回答した企業のデータを用いて交差遅れ分析を行った結果，約15年という長いスパンで見た場合「ハイ・インボルブメント」HRMシステムが企業業績に影響するのではなく，企業業績がHRMシステムに影響するという逆の因果関係の可能性が高いことが確認された。

しかし，「ハイ・インボルブメント」HRMシステムと企業業績の関係は実証されたものの，両者をつなぐ媒介プロセスは明らかになっていなかった。そこで，従業員のHRM知覚と認知・態度が集合・個人の両レベルで「HRM-FP」を媒介するという仮説的モデルを設定した。そして，2回目の調査の対象となった企業の一部で従業員調査を実施し，企業と従業員の両方のデータをもとにマルチレベル構造方程式モデル分析を行ったところ（第10章），従業員のHRM知覚，認知・態度の媒介効果が一部の業績指標で確認されると同時に，企業業績からHRMシステムへの逆の直接的な影響も確認された。

2. 本書の意義と課題：「HRM-FP」研究を超えて

本書の意義の1つは，「HRM-FP」の因果関係の方向性を実証的に明らかにしたことである。SHRM論において両者の相関関係は多くの研究で確認されているが，ほとんどが横断的データ分析に基づくものであった。本書では約15年間の時差のあるデータの交差遅れ分析によって，SHRM論が想定するようなHRM施策から企業業績への影響ではなく，企業業績からHRM施策へという逆の影響がありうることを見出した。本書で取り上げた「ハイ・インボルブメント」HRMシステムと企業業績の間には正の関係があるが，それは業績が上がる（または，下がる）ことによってその種のHRMシステムが導入される（または，廃止される）という因果関係が見られたのである。

本書の意義の2つ目は，上記の因果関係の理論的根拠を明らかにしたことである。前半の理論編で，SHRMを基礎づける様々な理論から「HRM-FP」関係がどのように説明できるかを検討したところ，サイバネティックスの視点か

らSHRM論が想定するのとは逆方向の因果関係の可能性が示唆された。サイバネティックスが組織における業績のコントロール技術としてのネガティブフィードバックのアイデアを提供していることはよく知られており、そこに循環的な因果の考え方が見られる。また、そこから一部影響を受けた組織学習論におけるシングルループ・ダブルループ学習のアイデアにも低次・高次のレベルでのフィードバックの考え方が見られる。しかし、それらよりもさらに重要なのはサイバネティックスが広く組織現象一般を直線的な因果ではなく、原因が結果となり結果が原因となるという因果ループで説明しようとする点である。これによれば、HRM施策と企業業績も循環的な因果のネットワークの一部である。そのネットワークにはそれら以外にどのような変数があり、一巡するまでにどのくらいの時間がかかり、変数間の個々の影響がプラスかマイナスか、因果サーキット全体がプラス（暴走）かマイナス（安定）かなど、幅広い視点から「HRM-FP」関係を考える必要がある。その点からすると、「HRM-FP」関係にも当然逆の因果が考えられるだけでなく、それらを含むより大きな因果のネットワークを考えなければならない。そして、そのネットワークはあまりに複雑すぎるので、一部解明できたとしても人間がコントロールしうるレベルのものではないであろう。

　次に、本書の限界と課題にも触れなければならない。1つは、「HRM-FP」の媒介関係が十分に解明できなかったことである。本書では行動アプローチに準拠して、両者の間を従業員の知覚・認知・態度がマルチレベルで媒介するというモデルを設定し、企業と従業員のデータの両方を使って分析したが、部分的には媒介関係が支持されたものの、その関係は強いものではなく、「ハイ・インボルブメント」HRMシステムが従業員の態度を改善し、その結果企業業績を高めるというモデル通りの方向ではなかった。これには、調査サンプル数の少なさ、偏りなどの調査方法上の問題が考えられる。特に、マルチレベル分析には、多数の異なる集団から多数の個人を抽出する必要がある。そのようなデータの制約条件から、仮説的モデルを検証可能なレベルまで単純化せざるをえなかったが、今後はさらにモデルの明細化が必要である。たとえば、媒介変数として従業員の知覚・認知・態度だけでなく、能力・技能、それを生かす機会など（いわゆるAMO）を導入することが考えられる。また、HRM施策か

ら従業員の行動への影響には組織風土，公正風土などの媒介要因も想定できる。さらに，因果の方向も，認知・態度から業績へという方向だけでなく，その逆の影響も考えられる。

本書のもう一つの重大な，そして「HRM-FP」研究に共通の課題は，業績問題である。本書では，実証研究において3つの業績指標を取り上げたが，それらの相関は低く，またほとんど有意でなかった。業績指標間の相関の低さは，Meyer and Gupta（1994）でも指摘されている一般的な現象である。そこで，理論編で論じたように，業績が多次元的であるという前提に立って，生産性指標，財務指標，効率性指標を選んだものの，業績とは何か，それをどのように測定すべきかという本質的な問題に正面から取り組んではいなかった。多様な業績モデルのうちのどれを採用するかによって指標の取り方が異なり，研究相互の比較や一般化が困難になる。その状況でいくら実証研究を蓄積しても，かつての組織有効性研究が一時の流行に止まったように，徒労に終わる可能性がある。研究・実務の場で現在広く使われている業績指標がいつ他の指標に入れ替わるかわからない。そのような業績指標に特化した「HRM-FP」研究も可能であり，技術としてのHRMという視点から業績向上のための処方箋は書けるかもしれないが，真の意味での組織研究の進展や「基底的な知」(Bateson, 1972) は得られないであろう。現代のビジネススクールは，かのアルフレッド・チャンドラーですら教授として終身在職権が得られないであろうと思われるほどに現在の出来事に集中し，歴史を考える長期的な視点に欠けている（Heffernan, 2011)。歴史的・長期的視点から「HRM-FP」研究を眺め，相対化して考えるべき時に来ている。

「HRM-FP」研究が技術論や一時の流行から脱するためのもう一つの道は，より大きな組織研究の流れや組織理論のなかに研究を位置づけ直すことである。その点で示唆的なのは，ルーマンのシステム理論である。そこでは，「HRM-FP」研究が組織のシステム合理性におけるHRMの機能という問題に置き換えられる。つまり，業績の意味や基準は最初から決められているわけではなく，組織の存続にとって役立つことという広い意味のなかに含まれている。逆に言えば，最初から組織の存続にとって役立つと決まったものはなく，すべてが変数として位置づけられる。その意味で，HRMも組織にとって絶対

に必要なものでなく，それ以外のもので代替可能な働きを持つ変数である。その働きとは何か，どのような働きがありうるか，を探るのが「HRM-FP」研究の真の意味である。また，その研究は「HRM-FP」の間の因果や影響という関係ではなく，意味や働きという関係を分析・特定することに向けられることになる。そこでは，もはや「HRM-FP」研究という名前はなくなり，業績向上のためのHRM改善の処方箋を提供するという大方の期待からはほど遠くなるだろう。しかし，その研究は，組織のシステム合理性におけるHRMの機能という名前の研究に置き換えられ，より普遍的な枠組みで組織研究への貢献が可能になるであろう。

初出一覧

序章　小林裕（2014），「戦略的人的資源管理論の現状と課題」『東北学院大学教養学部論集』167，63-75。

第1章　小林裕（2013），「人的資源管理システムが企業業績に及ぼす影響(6)―資源ベースの企業観（RBV）に基づく理論的検討―」『経営行動科学学会第16回年次大会発表論文集』43-48。

第2章　小林裕（2007），「人的資源管理システムが企業業績に及ぼす影響(4)―サイバネティックモデルの理論的検討―」『産業・組織心理学会第23回大会発表論文集』123-126。

第3章　小林裕（2008），「人的資源管理システムが企業業績に及ぼす影響(5)―初期ルーマンのシステム理論に基づく検討―」『経営行動科学学会第11回年次大会発表論文集』291-296。

第4章　小林裕（2004），「人的資源管理システムが企業業績に及ぼす影響―コントロールモデルの理論的検討―」『産業・組織心理学会第20回大会発表論文集』55-58。

第5章　小林裕（2006），「人的資源管理と組織公平性―ミクロOBとマクロOBの統合をめざして―」『産業・組織心理学研究』19，65-69。

第6章　小林裕（2005），「人的資源管理システムが企業業績に及ぼす影響(2)―プロセスとレベルについての理論的検討―」『産業・組織心理学会第21回大会発表論文集』15-18。

第7章　小林裕（2006），「人的資源管理システムが企業業績に及ぼす影響(3)―「企業業績」概念の検討―」『産業・組織心理学会第22回大会発表論文集』24-27。

第8章　小林裕（2001），「人的資源管理システムにおける成果主義的報酬施策の役割―「ハイ・インボルブメント」モデルの実証的検討―」『組織科学』34，53-66。

第9章　小林裕（2015），「参加型HRMシステムが企業業績に及ぼす影響」『東北学院大学教養学部論集』172，1-24。

第10章　小林裕（2017），企業の人的資源管理システムと業績の関係：因果プロセスの実証的検討」『東北学院大学教養学部論集』177，21-40。

終章　書き下ろし。

資料（1）：調査（2014-2015年）で用いられた質問紙［企業用］

「企業の人的資源管理と業績」
－ アンケート調査へのご協力のお願い －

　東日本大震災から3年半が過ぎ、日本経済は全体として回復基調に見えますが、東北地方では原発事故の処理など多くの課題が山積し、本格的な復興はこれからという状況です。

　さて、このような厳しい逆境のなか、企業が業績を維持・回復させ、自らを存続させるには何が必要でしょうか。近年、被害やストレス体験から自分自身で治癒し回復する力（レジリエンス）が注目されていますが、これは個人だけでなく、企業についても言えると考えられます。

　そこで、本研究室では企業の自己回復力に影響する要因として人的資源管理に注目し、どのような人的資源管理施策が企業の自己回復力を高めるかを明らかにするため、アンケート調査を企画いたしました（研究内容の詳細は裏面をご覧ください）。

　この調査は、東北地方3県（宮城、岩手、山形）に本社を置く企業のうち、前回調査（2000年実施）でご回答いただいた企業を含む従業員数上位1000社を対象にしています。回答はすべてコンピュータでデータ処理し、得られた結果は学術研究にのみ用います。個別の企業名は一切公表しません。企業秘密は厳守し、研究上の必要性がなくなった時点で個別企業が特定できるデータを消去します。また、ご回答いただきました企業には、結果がまとまり次第ご報告いたします。

　お忙しいところ誠に恐縮ですが、下記の〔記入のし方〕をご確認の上、ご回答くださいますようお願い申しあげます。

2014年 11月 15日
東北学院大学教養学部　心理学研究室
教授（組織心理学・人的資源管理論）　　小林　裕

〔記入のし方〕
1、記入者：人事担当者もしくは労務管理全般について理解している方。
2、記入の立場：この調査は企業を単位として行います。そこで、本社事業所だけでなく、支店、出張所、工場などを含めた企業全体についてお答えください。
3、回答の時点：2014年 11月 15日現在でお答えください。
4、回答の方法：各設問につき該当する箇所を○で囲むか、数字等をご記入ください。
5、回収締切日：2014年 11月 30日までに同封の返信用封筒にてご返送ください。
6、問い合わせ先：
　(1)アンケートの送付・回収について：　　　　　（株）　　支社　tel.
　　fax.　　　　　担当：
　(2)調査の内容について：〒　　　　　　　　tel.　　　　　fax.
　　email：

資料 153

研究内容について

1、テーマ
　　企業の人的資源管理と業績-交差遅れモデルによる因果関係の分析-

2、研究の概要
　　研究の目的は、人的資源管理（HRM）施策が企業業績に及ぼす影響を実証的に検証することです。これまでの多くの研究は一時点での調査によってHRM施策と企業業績の相関関係を見いだしていますが、因果関係は十分検討されていません。

　　そこで、本研究では同一企業に対する2時点での調査データによる交差遅れ分析によって因果関係の検証を行います。調査方法は、東北地方の企業約1000社に対して実施された1回目の調査（2000年実施）とほぼ同じで、質問紙をお送りし、人事担当の方にご回答いただいた後、ご返送いただくものです。質問内容は、主に企業のHRM施策と企業業績に関するもので、時間のずれを伴って測定された両者の相関を比較することによって、因果関係をより明確に検証します（図1）。また、前回の調査にご回答いただいた約200社を含め、今回の調査のご回答企業全体を対象として、2014年時点でのHRM施策と企業業績の相関関係も分析します。

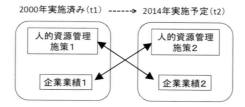

図1　調査の概要：企業調査

　　また、その後、調査にご協力いただいた企業において、従業員の態度調査を実施することによって、HRM施策が従業員の態度を通じて企業業績に影響するという媒介プロセスの検証も併せて行うことも予定しています（図2）。

　　　　人的資源管理施策　→　従業員の職務態度　→　企業業績

図2　調査の概要：従業員調査

3、結果の公表について
　　この研究は日本学術振興会から科学研究費の助成を受けており、結果は国立情報学研究所のデータベース「KAKEN」(http://kaken.nii.ac.jp/)で公表されます。

154　資料

I 東日本大震災の影響

1. 貴社の事業所で東日本大震災（以下「震災」）による被害（人的・物的・風評を含めて）を受けましたか
   1. 受けなかった
   2. <u>受けた</u>
         ↓
   1-2. どのような被害がありましたか（○はいくつでも）
      1. 従業員が死傷した事業所があった
      2. 建物が全壊・半壊した事業所があった
      3. 機械・設備が全部または一部破壊された事業所があった
      4. 「風評被害」により大幅な売り上げ減少があった
      5. 被害は総じて軽微なものにとどまった

2. 震災後貴社全体の事業活動はどのように変化しましたか（○は1つ）
   1. ほぼ横ばい　　2. 減少傾向　　3. 減少後横ばい
   4. 減少後回復　　5. 増加後減少　　6. 増加傾向

3. 貴社全体の従業員について、現在の人数と震災前（2011年2月）と比較した増減を教えて下さい。正規、非正規別に1つだけ○をつけてください。

	かなり増えた	やや増えた	ほぼ横ばい	やや減った	かなり減った	わからない	当時も今も雇用していない
1. 正規従業員（いわゆる「正社員」）	1	2	3	4	5	6	7
2. 非正規従業員（パート、嘱託、派遣、請負など）	1	2	3	4	5	6	7

II 人事管理の基本的な考え方

貴社の現在の人事管理の基本的な考え方についておたずねします。以下の文章は貴社にどの程度あてはまりますか。（例）にならって、当てはまるところに1つだけ○をつけてください。

	全く違う	かなり違う	やや違う	どちらとも言えない	やや当てはまる	ほぼ当てはまる	全くそのとおり
（例）会社経営において人事管理はもっとも重要な課題である	1	2	3	4	5	⑥	7
1）正規従業員の評価にあたっては、年功より業績を重視する	1	2	3	4	5	6	7
2）正規従業員の採用は新規学卒が中心である	1	2	3	4	5	6	7
3）定年まで正規従業員をできるだけ辞めさせない方針である	1	2	3	4	5	6	7
4）正規従業員の社内でのキャリア（配置換えや昇進）は、個人別ではなくグループ別（学歴など）に管理している	1	2	3	4	5	6	7
5）正規従業員の給与の決定にあたっては、能力よりも業績を重視する	1	2	3	4	5	6	7
6）非正規従業員（パート、派遣など）を増やしている	1	2	3	4	5	6	7
7）給与表（体系）は、正規従業員の年齢や家計よりも仕事内容に基づいてつくっている	1	2	3	4	5	6	7
8）従業員には、自社独自の能力訓練というより、一般的な能力訓練を行っている	1	2	3	4	5	6	7

資料　155

III　人事制度

企業によって様々な人事制度が用いられています。貴社では、次のような制度をどの範囲の正規従業員に実施していますか。全員を対象にしていますか、それとも対象者がいない（制度がない）でしょうか。各々の制度について、当てはまるところに1つだけ○をつけてください。

1．給与・報酬の制度

下記の制度の対象となる正規従業員の範囲をお答えください

	いない	ごく一部	一部	半数くらい	大部分	ほぼ全員	全員
1) 月給制	1	2	3	4	5	6	7
2) 能力給（職能給、技能給、資格給など）	1	2	3	4	5	6	7
3) 業績給（成果給・能率給・歩合給など）	1	2	3	4	5	6	7
4) グループ単位での業績給	1	2	3	4	5	6	7
（チーム、職場などの業績に連動した給与）							
5) 利潤分配制度	1	2	3	4	5	6	7
（企業の利潤に連動したボーナスなど）							
6) 成果分配制度	1	2	3	4	5	6	7
（工場、部門レベルでの生産性向上に連動したボーナスなど）							
7) 業績に対する金銭以外の報酬（表彰、贈り物、旅行など）	1	2	3	4	5	6	7
8) 従業員持ち株制度	1	2	3	4	5	6	7
（従業員に自社株を持たせる制度）							
9) カフェテリア方式の福利厚生	1	2	3	4	5	6	7
（従業員の希望に応じてメニューが選べる制度）							
10) 給与情報の公開	1	2	3	4	5	6	7
（給与制度、昇給額などの情報提供）							
11) ストックオプション制度	1	2	3	4	5	6	7
（従業員にあらかじめ決められた価格での自社株購入権を与える制度）							

2．教育・訓練の制度

下記の能力について教育訓練の対象となる正規従業員の範囲をお答えください

	いない	ごく一部	一部	半数くらい	大部分	ほぼ全員	全員
1) 集団での意思決定・問題解決の能力	1	2	3	4	5	6	7
2) リーダーシップ能力	1	2	3	4	5	6	7
3) 事業（会計、財務など）を理解する能力	1	2	3	4	5	6	7
4) 品質・統計分析の能力	1	2	3	4	5	6	7
5) チームづくりの能力	1	2	3	4	5	6	7
6) 作業能力・事務能力	1	2	3	4	5	6	7

156　資料

3．業務改善・効率化の制度

下記の制度に参加している正規従業員の範囲をお答えください

	いない	ごく一部	一部	半数くらい	大部分	ほぼ全員	全員
1）提案制度・・・・・・・・・・・・・・・ （業務改善のための意見や提案を従業員から聞く公式の制度）	1	2	3	4	5	6	7
2）意見調査・・・・・・・・・・・・・・・ （業務改善を目的として従業員の意見を聴き、結果を知らせる制度）	1	2	3	4	5	6	7
3）職務充実・職務再設計・・・・・・・・・ （業務で使う技能の幅を広げる、業務のやり方を任せる、業務のまとまりを持たせる、周囲への影響力を高める、などの業務改善）	1	2	3	4	5	6	7
4）QCサークルやその他の小集団活動・・・・・・ （業務上の問題を改善するため定期的に集まる自主的グループ活動）	1	2	3	4	5	6	7
5）労使QWL委員会・・・・・・・・・・・ （賃金交渉等の一般的な労使交渉ではなく、業績の改善や労働の質向上のための労使の話し合いの場）	1	2	3	4	5	6	7
6）自主管理チーム・・・・・・・・・・・ （製品やサービス全体に責任を持ち、業務の分担や方法を自分達で決めるグループ）	1	2	3	4	5	6	7
7）政策や戦略に関する従業員委員会・・・・・・ （会社の経営方針や戦略に意見・アドバイスをする経営者以外のメンバーを含む委員会）	1	2	3	4	5	6	7

4．情報共有の制度

下記の情報について、社内報（パンフレット、新聞、ビデオ）などによって情報提供している正規従業員の範囲をお答えください

	いない	ごく一部	一部	半数くらい	大部分	ほぼ全員	全員
1）企業全体の業績（生産高、売上高など）・・・・・・・・・	1	2	3	4	5	6	7
2）部門（工場、支店、部など）の業績・・・・・・	1	2	3	4	5	6	7
3）導入予定の新しい技術（装置、システム、作業手順など）の事前情報・・・・・・・・・・・・・・・・・・・	1	2	3	4	5	6	7
4）事業計画／目標（年、月単位）・・・・・・・・	1	2	3	4	5	6	7
5）競争相手との業績比較・・・・・・・・・・	1	2	3	4	5	6	7

IV　人事管理の変化と今後の課題

1．貴社の人事制度は震災以降変化しましたか（○は1つ）
 1．変更はない
 2．一部変更した
 3．<u>大幅な変更を行った</u>
　　　　↓
　1-2．変更の主な内容は何でしょうか。自由にお書きください。

2. 貴社の今後の人事管理の課題についておたずねします。当てはまるものすべてに〇をつけてください。
   1. 新規学卒者の定期採用
   2. 非正社員、外部人材（派遣・請負など）の活用
   3. 仕事の成果や結果により、従業員の処遇や評価に差をつけること
   4. 従業員全体の能力向上を目的とした教育訓練の実施
   5. 一部の従業員を対象とした、選抜的な教育訓練の実施
   6. 従業員が仕事と育児・介護を両立できるための環境を整備すること
   7. 従業員の精神衛生（メンタルヘルス）への配慮
   8. 法定の障害者雇用率（2％）の達成
   9. 労働組合や従業員代表と経営トップとのコミュニケーション
   10. 経営目標や経営理念の社員への伝達
   11. その他（   ）

V 貴社の概要

1. 業種:最もあてはまる番号に1つだけ〇をつけてください。
   1. 農林漁業 2. 鉱業 3. 建設業 4. 食品製造 5. 繊維・紙・パルプ製造
   6. 化学・ゴム・ガラス製造 7. 鉄鋼・非鉄・金属製造 8. 機械製造
   9. 電気・ガス・熱供給・水道業 10. 情報通信業 11. 運輸業
   12. 卸売・小売業 13. 金融・保険業 14. 不動産業 15. サービス業
   16. その他（   ）

2. 売上高

   2010年度・・・・・・・・・・・・・・・・約　　　十億　　百万　円
   2013年度・・・・・・・・・・・・・・・・約　　　十億　　百万　円

3. 純利益（損益は△をつけてください）

   2010年度・・・・・・・・・・・・・・・・約　　　十億　　百万　円
   2013年度・・・・・・・・・・・・・・・・約　　　十億　　百万　円

4. 従業員数（2014年11月現在）

   1. 正規従業員（いわゆる「正社員」）・・・・・・・・・・約　　千　人
   2. 非正規従業員（パート、嘱託、派遣、請負などの合計数）　約　　千　人

5. 2013年度1年間の正規従業員の退職者数（定年退職を除く）　約　　人

6. 労働組合の有無
   1. あり　　2. なし

以上で質問は終わりました。ご協力ありがとうございました。結果がまとまり次第、報告書をお送りしますので、必要事項をご記入ください。

住所：〒

会社名：

部署名・担当者名：

電話：

資料（2）：調査（2014-2015 年）で用いられた質問紙［従業員用］

「企業の人的資源管理と業績」
− アンケート調査へのご協力のお願い −

　このアンケートは、企業で働く人々の意識を知ろうとするものです。特に、会社の人事制度（人的資源管理施策）によって従業員の公正感や働きがいにどのような違いがあり、最終的に会社の業績にどんな影響があるかを知るため、東北地方の様々な企業で調査をお願いしています（研究内容の詳細は裏面をご覧ください）。

　貴社では、すでに人事制度と業績についての調査にご協力いただいておりまして、さらに従業員の皆様にアンケートを配布していただけることになりました。

　つきましては、ぜひアンケートにご協力いただけるとありがたく思います。アンケートには、名前を書く必要はありませんし、封筒に入れたままで大学まで回収されますので、皆さんが書いたことが会社に知られることはありません。調査の目的は、全体的な傾向を分析することにありますから、一人一人の回答内容を個別に調べることはありません。内容をご覧いただき、不安や疑問がある場合は途中で回答をやめていただいても結構です。

　ご希望の方には調査の結果をお知らせします（下の欄に宛先とお名前をご記入の上、アンケートといっしょにご返送ください）。

　ごめんどうかとは思いますが、ご協力の程よろしくお願いいたします。

　記入後は、アンケートの入っていた封筒に入れて、２０１５年６月３０日（火）までにご投函ください（切手は要りません）。

　　　　　　　　　　　　　　問い合わせ先： 東北学院大学教養学部心理学研究室
　　　　　　　　　　　　　　　　　　　　　教授〔組織心理学〕　小林　裕
　　　　　　　　　　　　　　〒
　　　　　　　　　　　　　　email:
　　　　　　　　　　　　　　tel:
　　　　　　　　　　　　　　fax:

宛先：　　〒＿＿＿＿－＿＿＿＿＿
　　　　＿＿＿＿＿＿＿＿＿＿＿＿＿＿＿＿＿＿＿＿＿＿＿＿＿＿＿＿＿＿＿＿＿＿＿＿＿
　　　　＿＿＿＿＿＿＿＿＿＿＿＿＿＿＿＿＿＿＿＿＿＿＿＿＿＿＿＿＿＿＿＿＿＿＿＿＿

お名前：＿＿＿＿＿＿＿＿＿＿＿＿＿＿＿＿＿＿＿＿＿＿＿＿＿様

研究内容について

1、テーマ

　　企業の人的資源管理と業績-交差遅れモデルによる因果関係の分析-

2、研究の概要

　　研究の目的は、人的資源管理（HRM）施策が企業業績に及ぼす影響を実証的に検証することです。これまでの多くの研究は1時点での調査によってHRM施策と企業業績の相関関係を見いだしていますが、因果関係は十分検討されていません。

　　そこで、本研究では同一企業に対する2時点での調査データによる交差遅れ分析によって因果関係の検証を行います。調査方法は、東北地方の企業約1000社に対して実施された1回目の調査（2000年実施）とほぼ同じで、質問紙をお送りし、人事担当の方にご回答いただいた後、ご返送いただくものです。質問内容は、主に企業のHRM施策と企業業績に関するもので、時間のずれを伴って測定された両者の相関を比較することによって、因果関係をより明確に検証します（図1）。また、前回の調査にご回答いただいた約200社を含め、今回の調査のご回答企業全体を対象として、2014年時点でのHRM施策と企業業績の相関関係も分析します。

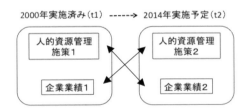

図1　調査の概要：企業調査

　　また、その後、調査にご協力いただいた企業において、従業員の態度調査を実施することによって、HRM施策が従業員の態度を通じて企業業績に影響するという媒介プロセスの検証も併せて行います（図2）。

　　　　　人的資源管理施策　→　従業員の職務態度　→　企業業績

図2　調査の概要：従業員調査

3、結果の公表について

　　この研究は日本学術振興会から科学研究費の助成を受けており、結果は国立情報学研究所のデータベース「KAKEN」（http://kaken.nii.ac.jp/）で公表されます。

160　資　料

回答のし方：あてはまる数字を〇でかこみ、_____に記入してください。

◎　貴社名　_____

問1　最初にあなた自身のことについてうかがいます。

1）性別　　　　　1. 男　　2. 女
2）年令　　　　　1. 10代・20代　2. 30代　3. 40代　4. 50代　5. 60代以上
3）学歴　　　　　1. 中学　2. 高校　3. 短大・高専・専門学校　4. 大学・大学院
4）未婚・既婚の別　1. 未婚　2. 既婚（子供なし）　3. 既婚（子供あり）
5）転職歴　　　　1. あり　2. なし
6）入社してからの年数　_____年
7）仕事の内容
　　1. 製造・技能職　2. 事務職　3. サービス・販売・営業職
　　4. 技術・開発・研究職　5. 管理職　6. その他（具体的に_____）
8）勤務形態　　　1. 日勤　2. 交替制
9）従業員区分
　　1. 正規社員　2. 非正規社員（嘱託・パート等）　3. その他（具体的に_____）
10）職位
　　1. 一般社員　2. 主任・係長クラス　3. 課長クラス
　　4. 部長クラス　5. その他（_____）
11）労働組合への加入　1. 入っている　2. 入っていない

問2　現在のあなたの生活を次の4つに分けて考えた場合、それぞれはどのくらいの重みを占めていますか。合計10点になるように点数をつけてください。

　　1. 仕事、会社での生活　　　_____点
　　2. 家庭、家族との生活　　　_____点
　　3. 個人的な趣味、余暇生活　_____点
　　4. 居住地域での生活　　　　_____点
　　　　　　　　　合計　　　　　１０　点

問3 あなたは仕事を選ぶ場合どのようなことを重視しますか。3つ選んで〇をつけてください。

1. 変化があっておもしろいこと
2. 上司にめぐまれること
3. やりがいのある仕事であること
4. 解雇される心配がないこと
5. 自分の裁量で仕事ができること
6. 仕事仲間に恵まれること
7. 自分の能力が発揮できること
8. 給与水準が高いこと
9. 仕事を通して新しいことが学べること
10. 昇進の可能性があること

問4 あなたの今の仕事についてうかがいます。次の文章はあなたにどの程度あてはまりますか。（例）にならって、最もよくあてはまるところに1つだけ〇をつけてください。

	全く違う	かなり違う	どちらかと言えば違う	どちらとも言えない	どちらかと言えばその通り	ほぼその通り	全くその通り
（例） 人を相手にする仕事である	1	2	3	4	⑤	6	7
1 　全般的にみて今の仕事に満足している	1	2	3	4	5	6	7
2 　仕事の内容に満足している	1	2	3	4	5	6	7
3 　上司との関係に満足している	1	2	3	4	5	6	7
4 　仕事仲間との関係に満足している	1	2	3	4	5	6	7
5 　今の給料に満足している	1	2	3	4	5	6	7
6 　今の仕事にとてもやりがいを感じる	1	2	3	4	5	6	7
7 　我を忘れるほど仕事に熱中することがある	1	2	3	4	5	6	7
8 　仕事が楽しくて、知らないうちに時間がすぎていく	1	2	3	4	5	6	7
9 　自分の仕事がつまらなく思えて仕方のないことがある	1	2	3	4	5	6	7
10 　私は心から仕事によろこびを感じる	1	2	3	4	5	6	7
11 　私にとって、今の仕事は、あまり意味のないものである	1	2	3	4	5	6	7
12 　私はこの仕事をしていることに誇りをもっている	1	2	3	4	5	6	7

問5 あなたと会社との関係についてうかがいます。最もよくあてはまるところに1つだけ〇をつけてください。勤務先が会社以外の場合は、会社を「勤務先」や「所属組織」に置き換えてお考えください。

		全く違う	かなり違う	どちらかと言えば違う	どちらとも言えない	どちらかと言えばその通り	ほぼその通り	全くその通り
1	この会社の社風や雰囲気は自分の価値観や考え方によく合っている	1	2	3	4	5	6	7
2	会社にとって必要な残業や休日出勤はすすんでひきうける	1	2	3	4	5	6	7
3	たとえ現在よりもいい仕事やいい給料が与えられても、この会社が好きなのでよその会社に移る気はない	1	2	3	4	5	6	7
4	せっかくここまで勤めたのだから、これから先もこの会社で勤めたい	1	2	3	4	5	6	7
5	この会社で、自分にとってやりがいのある仕事を担当させてもらえないなら、この会社にいてもあまり意味がない	1	2	3	4	5	6	7
6	他によい職場が見つからないので、今の会社で働いている	1	2	3	4	5	6	7
7	会社に尽くそうという気持ちが人一倍強いと思う	1	2	3	4	5	6	7
8	どんな場所でも勤務地でも頑張る	1	2	3	4	5	6	7
9	今の会社を離れたら、どうなるか不安である	1	2	3	4	5	6	7
10	私の給料は、同僚と比べて公平である	1	2	3	4	5	6	7
11	この会社から公平な待遇（給与、昇進など）を受けている	1	2	3	4	5	6	7
12	この会社では自分の働きにふさわしい評価を受けていない	1	2	3	4	5	6	7
13	仕事は自分に公平に割り当てられている	1	2	3	4	5	6	7
14	自分の待遇は公正な手続きで決められている	1	2	3	4	5	6	7
15	自分に対する人事評価のやり方は適正である	1	2	3	4	5	6	7
16	自分の仕事の割り振りがどのように決められているか過程が不透明だ	1	2	3	4	5	6	7

問6 あなたの会社の人事管理についてうかがいます。制度の正確な知識をお尋ねしているわけではありません。ご自分が日頃感じていることをお答えください。最もよくあてはまるところに1つだけ〇をつけてください。

		全く違う	かなり違う	どちらかと言えば違う	どちらとも言えない	どちらかと言えばその通り	ほぼその通り	全くその通り
1	私の会社は、従業員の評価にあたって、年功より能力・業績を重視している	1	2	3	4	5	6	7
2	私の会社は、人員が余っても解雇しない努力をしている	1	2	3	4	5	6	7
3	私の会社は、給与の決定にあたって能力よりも業績を重視している	1	2	3	4	5	6	7
4	私の会社では、企業の業績によってボーナスの額が大きく左右される	1	2	3	4	5	6	7
5	私の会社は、福利厚生が充実している	1	2	3	4	5	6	7
6	私の会社は、昇進チャンスが多い	1	2	3	4	5	6	7
7	私の会社は、従業員に対して十分な教育・訓練を行っている	1	2	3	4	5	6	7
8	私の会社では、希望すれば能力訓練を受けることができる	1	2	3	4	5	6	7
9	私の会社は、業務上の決定に従業員を積極的に参加させている	1	2	3	4	5	6	7
10	私の会社は、定期的に従業員から意見や提案を聞いている	1	2	3	4	5	6	7
11	私の会社は、導入予定の新しい技術(装置、システム、作業手順など)の情報を従業員に事前に伝えている	1	2	3	4	5	6	7
12	私の会社は、経営方針や企業の業績を一般従業員に積極的に知らせている	1	2	3	4	5	6	7

問7 あなた自身は昇給や昇進は何を基準に決めるべきだと思いますか。1つだけ〇をつけてください。

1. 年齢や勤続年数
2. 能力や業績
3. 1と2をあわせたもの

以上で質問は終わりました。ご協力ありがとうございました。ご意見、ご感想などありましたら、お書きください。

引用文献

Adams, J. S. (1965), "Inequity in social exchange", *Advances in Experimental Social Psychology*, 2, 267-299.
Alexander, S. & Ruderman, M. (1987), "The role of procedural and distributive justice in organizational behavior", *Social Justice Research*, 1, 177-198.
Allen, M. R. & Wright, P. (2007), "Strategic management and HRM", in Boxall, P., Purcell, J. & Wright, P. (Eds.), *Oxford Handbook of Human Resource Management*, Oxford: Oxford U. P., pp. 88-107.
Andrew, N. & Beryl, H. (2002), "Productivity in organizations", in N. Anderson & D. S. Ones (Eds.), *Handbook of industrial, work and organizational psychology*, Volume 2: Personnel psychology, Thousand Oaks, CA: Sage, pp.7-25.
Appelbaum, E. B., Bailey, T. & Berg, P. (Eds.)(2000), *Manufacturing advantage: Why high-performance works systems pay off*, Ithaca, N.Y.: Cornell U. P.
Argyris, C. (1957), *Personality and organization*, New York: Harper & Row.（アージリス, C. 伊吹山太郎・中山実（訳）(1970),『組織とパーソナリティ：システムと個人との葛藤』日本能率協会。）
Argyris, C. (1994), *On organizational learning. Cambridge,*. Mass.: Blackwell Pub.
Arthur, J. B. (1992), "The link between business strategy and industrial relations systems in American steelmills", *Industrial and Labor Relation Review*, 45, 488-506.
Arthur, J. B. (1994), "Effects of human resource systems to manufacturing performance and turnover", *Academy of Management Journal*, 37, 670-687.
Ashby, W. R. (1956), *An introduction to cybernetics*, Chapman & Hall: Methuen.
Bacharach, S. B. (1989), "Organizational theories: Some criteria for evaluation", *Academy of management review*, 14, 496-515.
Bae, J. & Lawler, J. J. (2000), "Organizational and HRM strategies in Korea: Impact on firm performance in an emerging economy", *Academy of Management Journal*, 43, 502-517.
Barnard, C. I. (1938), *The functions of the executive*, Cambridge, MA.: Harvard University Press.（バーナード, C. I. 山本安次郎・田杉競・飯野春樹（訳）(1968),『(新訳) 経営者の役割』ダイヤモンド社。）
Barney, J. (1991), "Firm resources and sustained competitive advantage", *Journal of Management*, 17, 99-120.
Barney, J. (2002), *Gaining and sustaining competitive advantage*, 2nd ed. Upper Saddle River, NJ: Prentice Hall.（バーニー, J. 岡田正大（訳）(2003),『企業戦略論【上】基本編 競争優位の構築と持続』ダイヤモンド社。）
Bateson, G. (1972), *Steps to an ecology of mind*, San Francisco: Chandler.（ベイトソン, G. 佐藤良明（訳）(2000),『精神の生態学 改訂第2版』新思索社。）
Bateson, G. (1979), *Mind and nature: A necessary unity*, New York: Dutton.（ベイトソン, G. 佐藤良明（訳）(2001),『精神と自然―生きた世界の認識論』新思索社。）
Beer, M., Spector, B., Lawrence, P. R., Mills, D. Q. & Walton, R. E. (1984), *Managing human assets:*

The groundbreaking Harvard Business School program, N.Y.: Free Press.（ビーア，M.，スペクター，B.，ローレンス，P. R.，ミルズ，D. Q. & ウォルトン，R. E. 梅津祐良・水谷栄二（訳）(1990)，『ハーバードで教える人材戦略』日本生産性本部。）
Beugre, C. D. & Baron, R. A. (2001), "Perceptions of systematic justice: The effects of distributive, procedural, and interactional justice", *Journal of Applied Social Psychology*, 31, 324-339.
Bies, R. (2005), "Are Procedural Justice and Interactional Justice Conceptually Distinct?", in J. Greenberg & J. Colquitt (Eds.), *Handbook of organizational justice*, Lawrence Erlbaum, pp.85-112.
Boulding, K. E. (1956), "General systems theory: The skeleton of scinece", *Management Science*, 2, 197-208.
Bowen, D. E. & Ostroff, C. (2004), "Understanding HRM-firm performance linkages: The role of the "strength" of the HRM system", *Academy of Management Review*, 29, 203-221.
Boxall, P. & Purcell, J. (2003), *Strategy and human resource management*, Basingstoke: Palgrave Macmillan.
Brickman, P., Folger, R., Goode, E. & Schul, Y. (1981), "Microjustice and macrojustice", in M. J. Lerner & S. C. Lerner (Eds.), *The justice motive in social behavior*, Plenum Press, pp.173-202.
Cameron, K. (1984), "The effectiveness of ineffectiveness", in B. M. Staw & L. L. Cummings (Eds.), *Research in organizational behavior*. vol. 6. Greenwich, CT.: JAI Press, pp.235-285.
Cameron, K. (1986), "Effectiveness as paradox: Consensus and conflict in conceptions of organizational effectiveness", *Management Science*, 32, 539-553.
Campbell, J. P. (1977), "On the nature of organizational effectiveness", in P. S. Goodman & J. M. Penning (Eds.), *New perspectives on organizational effectiveness*, San Francisco, CA: Jossey Bass, pp.13-55.
Campbell, J. P. & Campbell, R. J. (1988), "Industrial-organizational psychology and productivity: The goodness of fit", in J. P. Campbell, R. J. Campbell & Associates (1988), *Productivity in organizations: New perspectives from industrial and organizational psychology*, San Francisco: Jossey Bass, pp. 83-93.
Cappelli, P. & Sherer, P. D. (1991), "The missing role of context in OB: The need for a meso level approach", *Research in Organizational Behavior*, 13, 55-110.
蔡芢錫（1998），「人的資源管理論のフロンティア：戦略的人的資源管理論（SHRM）」組織科学，31(4)，79-92。
Cohen-Charach, Y. & Spector, P. E. (2001), "The role of justice in organizations: A meta-analysis", *Organizational Behavior and Human Decision Processes*, 86, 278-321.
Colquitt, J. A., Conlon, D. E., Wesson, M. J., Porter, C. O. & Ng, K. Y. (2001), "Justice at the millennium: A meta-analysis of 25 years of organizational justice research", *Journal of Applied Psychology*, 86, 425-445.
Colquitt, J., Greenberg, J. & Scott, B. A. (2005), "Organizational Justice: Where do we stand?", in J. Greenberg & J. Colquitt (Eds.), *Handbook of Organizational Justice*, Lawrence Erlbaum, pp.589-620.
Combs, J., Liu, Y., Hall, A. & Ketchen, D. (2006), "How much do high-performance work practices matter? A meta-analysis of their effects on organizational performance", *Personnel Psychology*, 59, 501-521.
Cyert, R. & March, J. (1963), *A behavioral theory of the firm*, Englewoodcliffs, NJ.: Prentice-Hall. (サィアート，R. & マーチ，J. 松田武彦（監訳），井上恒夫（訳）(1967)，『企業の行動理論』ダ

イヤモンド社。)
d'Arcimoles, Charles-Henri (1997), "Human resource policies and company performance: A quantitative approach using longitudinal data", *Organization Studies*, 18, 857-874.
Daft, R. L. (2001), *Essentials of organization theory and design*, 2nd. ed. South-Western College Pub. (ダフト, L. 髙木晴夫（訳）(2002), 『組織の経営学―戦略と意思決定を支える』ダイヤモンド社。)
Delaney, J. T. & Huselid, M. A. (1996), "The impact of human resource management practices on perceptions of organizational performance", *Academy of Management Journal*, 39, 949-969.
Delery, J. E. & Doty, D. H. (1996), "Modes of theorizing in strategic human resource management: Tests of universalistic, contingency, and configurational performance predictions", *Academy of Management Journal*, 39, 802-835.
Deutsch, M. (1975), "Equity, equality, and need: what determine which value will be used as the basis of distributive justice ?", *Journal of Social Issues*, 31, 137-149.
Dore, R. P. (1973), *British factory-Japanese factory: The origins of national diversity in industrial relations*, Berkeley: University of California Press. (ドーア, R. P. 山ノ内靖・永易浩一（訳）(1987), 『イギリスの工場・日本の工場』筑摩書房。)
Dyer, L. & Reeves, T. (1995), "Human resource strategies and firm performance: What do we know and where do we need to go?", *International Journal of Human Resource Management*, 6, 656-670.
Eisenhardt, K. M. (1985), "Control: Organizational and economic approaches", *Management Science*, 31, 134-149.
Etzioni, A. (1961), *A comparative analysis of complex organization*, Free Press. (エツィオーニ, A. 綿貫譲治（監訳）(1966), 『組織の社会学的分析』培風館。)
Etzioni, A. (1965), "Organizational control structure", in J. G. March et al. (Eds.), *Handbook of organizations*, Chicago, Ill.: Rand McNally, pp. 650-677.
Ferris, G. R., Barnum, D.T., Rosen, S.D., Holleran, L.P. & Dulebohn, J. H. (1995), "Toward business-university partnerships in human resource management: Integration of science and practice", in G. R. Ferris, S. D. Rosen & D. T. Barnum (Eds.), *Handbook of human resources management*, UK.: Blackwell, pp. 1-13.
Fey, C. F., Bjorkman, I. & Pavlovskaya, A. (2000), "The effect of human resource management practices on firm performance in Russia", *International Journal of Human Resource Management*, 11, 1-18.
Folger, R., Rosenfield, D., Janet, G. & Louise, C. (1979), "Effects of "voice" and peer opinions on responses to inequity", *Journal of Personality and Social Psychology*, 37, 2253-2261.
古川久敬 (1996), 「「組織行動」研究の動向」『産業・組織心理学研究』, 1, 15-26.
Gergen, K. J. (1969), *The psychology of behavior exchange*, Addison-Wesley. (ガーゲン, K. J. 清水佇（訳）(1977), 『社会的交換の心理学』誠信書房。)
Gerhart, B. (1999), "Human resource management and firm performance: Measurement issues and their effect on causal and policy inferences", in P. M. Wright et al. (Eds.), *Research in personnel and human resources management*, suppl. 4: Research annual, Greenwich, CT.: JAI Press, pp.31-51.
Gilliland, S. W. & Chan, D. (2002), "Justice in organizations: Theory, methods, and applications", in N. Anderson, D. S. Ones, H. K. Sinangil & C. Viswesvaran (Eds.), *Handbook of industrial, work and organizational psychology*, Thousand Oaks, CA: Sage, pp.143-165.

Glick, W. H. (1988), "Response: Organizations are not central tendencies: Shadowboxing in the dark, round 2", *Academy of Management Review*, 13, 133-137.
Goodman, P. S. & Penning, J. M. (1977), "Perspectives and Issues: An introduction", in P. S. Goodman & J. M. Penning (Eds.), *New perspectives on organizational effectiveness*, San Francisco, CA: Jossey Bass, pp.1-12.
Goodman, P. S. & Penning, J. M. (Eds.) (1977), *New perspectives on organizational effectiveness*, San Francisco, CA: Jossey Bass.
Gouldner, A. W. (1960), "The norm of reciprocity: A preliminary statement", *American sociological review*, 25, 161-178.
Govindarajan, V. & Fisher, F. (1990), "Strategy, control systems, and resource sharing: Effects on business-unit performace", *Academy of Management Journal*, 33, 259-285.
Greenberg, J. (1986), "Determinants of perceived fairness in performance evaluations", *Journal of Applied Psychology*, 71, 340-342.
Greenberg, J. (1987), "A taxonomy of organizational justice theories", *Academy of Management Review*, 12, 9-22.
Greenberg, J. (1993), "The intellectual adolescence of organizational justice: You've come a long way, maybe", *Social Justice Research*, 6, 135-148.
Greenberg, J. (1996), *Managing behavior in organizations*, Englewood Cliffs, NJ: Prentice Hall.
Greenberg, J. (2011), "Organizational justice: The dynamics of fairness in the workplace", in S. Zedeck (Ed.), *APA handbook of industrial and organizational psychology*, Volume 3, APA, pp. 271-329.
Greenberg, J. & Folger, R. (1983), "Procedural justice, participation, and the fair process effect in groups and organizations", in P. B. Paulus (ed.), *Basic group process*, New York: Springer-Verlag, pp. 235-256.
Greenberg, J. & Colquitt, J. (Eds.) (2005), *Handbook of Organizational Justice*, Lawrence Erlbaum Associates Inc.
Greenberg, J., Zapata-Phelan, C. P. & Colquitt, J. A. (2005), "What Is Organizational Justice? An Historical Overview of the Field", in J. Greenberg & J. Colquitt (Eds.), *Handbook of Organizational Justice*, Lawrence Erlbaum, pp. 3-56.
Guest, D. (1995), "Human resource management", in N. Nicholson (Ed.), *The Blackwell encyclopedic dictionary of organizational behavior*, Cambridge, Mas.: Blackwell Pub., pp.216-218.
Gully, S. M. & Phillip, J. M. (2005), "A Multi-Level Application of Learning and Performance Orientations to Individual, Group, and Organizational Outcomes", *Research in personnel and human resources management*, 24, 1-52.
Hall, R. H. (2002), *Organizations: Structures and outcome*, 8th ed. Englewood Cliffs, NJ: Prentice-Hall.
濱秋純哉・堀雅博・前田佐恵子・村田啓子 (2011), 「低成長と日本的雇用慣行：年功賃金と終身雇用の補完性を巡って」『日本労働研究雑誌』, 54, 26-37。
Hannan, M. T. & Freeman, J. H. (1977), "Obstacles to comparative studies", in P. S. Goodman & J. M. Penning (Eds.), *New perspectives on organizational effectiveness*, San Francisco, CA.: Jossey Bass, pp.106-31.
林洋一郎 (2008),「組織における公正研究の展望」『産業・組織心理学研究』, 21, 131-154。
林洋一郎 (2012),「組織における正義・公正の問題」『組織科学』, 46, 46-57。
Heffernan, M. (2011), *Wilful blindness: Why we ignore the obvious*, London: Simon and Schuster. (ヘ

ファーナン, M. 仁木めぐみ（訳）(2011), 『見て見ぬふりをする社会』河出書房新社。)

Hirschman, A. O. (1970), *Exit, voice, and loyalty: Responses to decline in firms, organizations, and states*, Cambridge, Mass.: Harvard U.P. (ハーシュマン, A. O. 矢野修一（訳）(2005), 『離脱・発言・忠誠―企業・組織・国家における衰退への反応』ミネルヴァ書房。)

Hofstede, G. (1978), "The poverty of management control philosophy", *Academy of Management Review*, 3, 450-461.

Homans, G. C. (1961), *Social behavior: Its elementary form*, New York: Harcourt Brace Jovanovich. (ホーマンズ, G. C. 橋本茂（訳）(1978), 『社会行動―その基本的形態―』誠信書房。)

House, R. J., Rousseau, D. M. & Thomas-Hunt, M. (1995), "The meso paradigm: A framework for the integration of micro and macro organizational behavior", in B. M. Staw & L. L. Cummings (Eds.), *Research in organizational behavior*, vol. 17, Greenwich, CT: JAI Press, pp.71-114.

Hrebiniak, L. G. (1989), "Strategy, structure, and performance: Past and future research", in C. C. Snow (Ed.), *Strategy, organization design and human resource management*, JAI Press, pp.3-54.

Huselid, M. A. (1995), "The impact of human resource management practices on turnover, productivity, and corporate financial performance", *Academy of Management Journal*, 38, 635-672.

Ichniowski, C., Shaw, K. & Prennushi, G. (1997), "The effects of Human Resource Management practices on productivity: A study of steel finishing lines", *American Economic Review*, 87, 291-313.

井手亘 (1986), 「直接的交換関係における公正さの規範」『人間科学論集』（大阪府立大学）, 18, 66-99。

井手亘 (1994), 「人事評価と公平感：共分散構造分析によるモデルの検討」, 産業・組織心理学会第30回研究会資料。

井手亘 (2009), 「個人と職場レベルの公正さが評価・処遇への満足に及ぼす効果：3レベル階層線形モデルによる検討」『経営行動科学学会第12回年次大会発表論文集』, 294-297。

板倉宏昭 (2001), 「2次分析による帰属意識の国際比較」『経営行動科学学会第4回年次大会発表論文集』, 88-98。

岩出博 (2002), 『戦略的人的資源管理論の実相―アメリカSHRM論研究ノート』泉文堂。

岩井克人 (2003), 『会社はこれからどうなるのか』平凡社。

Jackson, S. E. & Schuler, R. S. (1995), "Understanding human resource management in the context of organizations and their environments", *Annual Review of Psychology*, 46, 237-264.

Jacoby, S. M. (2004), *The embedded corporation: Corporate governance and employment relations in Japan and the United States*, Princeton Univ Pr. (ジャコビー, S. M. 鈴木良始・伊藤健市・堀龍二訳（訳）(2005), 『日本の人事部・アメリカの人事部：日米企業のコーポレート・ガバナンスと雇用関係』東洋経済新報社。)

Jaeger, A. M. & Baliga, B. R. (1985), "Control systems and strategic adaptation: Lessons from Japanese experience", *Strategic Management Journal*, 6, 115-134.

James, L. R. & Jones, A. P. (1976), "Organizational structure: A review of structural dimensions and their conceptual relationships with individual attitudes and behavior", *Organizational Behavior and Human performance*, 16, 74-113.

Jasso, G. (1980), "A New Theory of Distributive Justice", *American Sociological Review*, 45, 3-32.

Jiang, K., Lepak, D. P., Hu, J. & Baer, J. C. (2012), "How does human resource management influence organizational outcomes? A meta-analytic investigation of mediating mechanisms", *Academy of Management Journal*, 55, 1264-1294.

Kahn, R. L. (1977), "Organizational effectiveness: An overview, in P. S. Goodman & J. M. Penning (Eds.), *New perspectives on organizational effectiveness*, San Francisco, CA: Jossey Bass, pp.235-248.

Kanter, R. & Brinkerhoff, D. (1981), "Organizational performance: Recent developments in measurement", *Annual Review of Sociology*, 7, 321-349.

Kast, F. E. & Rosenzweig, J. E. (1972), "General systems theory: Applications for organization and management", *The Academy of Management Journal*, 15, 447-465.

加藤隆夫（2001），「日本の参加型雇用制度」橘木敏昭・ワイズ，D. A.（編）『【日米比較】企業行動と労働市場』日本経済新聞社，101-133 頁。

加藤隆夫（2004），「従業員代表制の経営参加度とその決定要因：計量分析」『日本労働研究雑誌』，46 (6), 4-18。

加藤隆夫（2009），「「失われた十年」と日本的雇用制度」『労働調査』，9, 1-2。

Katz, D. (1964), "The motivational basis of organizational behavior", *Behavioral Science*, 9, 131-146.

Katz, D. & Kahn, R. L. (1978), *The social psychology of organizations*, 2nd ed. N.Y.: Wiley.

Kaufman, B. E. (2010), "SHRM Theory in the Post-Huselid Era: Why It Is Fundamentally Misspecified", *Industrial Relations*, 49, 286-313.

Kelman, H. C. (1958), "Compliance, identification, and internalization: Three processes of attitude change", *Journal of Conflict Resolution*, 2, 51-60.

Klein, K. J., Dansereau, R. G. & Hall, R. J. (1994), "Levels of issues in theory development, data collection, and analysis", *Academy of Management Review*, 19, 195-229.

小林裕（1998），「日本企業の人的資源管理と公正性―社会心理学の視点から―」『応用心理学研究』，23, 9-18。

小林裕（2000），「企業の人的資源管理システムと業績：" ハイ・コミットメントモデル " の検討」『産業・組織心理学会第 16 回大会発表論文集』，148-151。

小林裕（2001a），「人的資源管理システムにおける成果主義的報酬施策の役割―「ハイ・インボルブメント」モデルの実証的検討―」『組織科学』，34, 53-66。

小林裕（2001b），「人的資源管理システム、公正知覚、そして職務態度：「ハイ・インボルブメント」モデルへの「組織の公正」論からのアプローチ」『産業・組織心理学会第 17 回大会発表論文集』，118-121。

小林裕（2002），「参加型 HRM システムが企業業績にもたらす影響：2 重過程モデルの検討」『産業・組織心理学会第 18 回大会発表論文集』，230-233。

小林裕（2003），「日本型人的資源管理と従業員参加―従業員の視点からの検討―」『産業・組織心理学会第 19 回大会発表論文集』，68-71。

小林裕（2004），『日本企業のキャリアシステム―機会と公正の社会心理学―』白桃書房。

小林裕（2014），「戦略的人的資源管理論の現状と課題」『東北学院大学教養学部論集』，167, 63-75。

小林裕（2015），「参加型 HRM システムが企業業績に及ぼす影響」『東北学院大学教養学部論集』，172, 1-24。

小林裕（2016），「参加型 HRM システムが企業業績にもたらす影響（3）：因果プロセスのモデル間比較」『経営行動科学学会第 19 回年次大会発表論文集』，219-224。

小林裕（2017a），「企業の人的資源管理システムと従業員の職務態度の関係：公正風土のマルチレベル媒介効果の検証」『経営行動科学学会第 20 回年次大会発表論文集』，199-206。

小林裕（2017b），「企業の人的資源管理システムと業績の関係：因果プロセスの実証的検討」『東北学院大学教養学部論集』，177, 21-40。

小林裕（2018），「参加型 HRM システムが従業員の組織コミットメントに及ぼす影響：公正風土のマ

ルチレベル媒介モデルの検証」『東北学院大学教養学部論集』, 179, 35-46。
Kopelman, R. E., Brief, A. P. & Guzzo, R. A. (1990), "The role of climate and culture in productivity", in B. Schneider (Ed.), *Organizational climate and culture*, San Francisco: Jossey-Bass, pp.282-318.
Kozlowski, S. J. & Klein, K. J. (2000), "A Multilevel approach to theory and research in organizations: Contextual, temporal, and emergent processes", in K. J. Klein & S. J. Kozlowski (Eds.), *Multilevel theory, research and methods in organizations*, San Francisco: Jossey-Bass, pp.3-90.
Lawler, E. E. III., Hall, D. T. & Oldham, G. R. (1974), "Organizational climate: Relationship to organizational structure, process and performance", *Organizational Behavior and Human Performance*, 11, 139-155.
Lawler, E. E. III. (1976), "Control systems in organizations", in M. D. Dunnette (Ed.), *Handbook of industrial and organizational psychology*, Chicago: Rand McNally, pp.1247-1291.
Lawler, E. E. III. (1986), *High-involvement management: Participating strategies for improving organizational performance*, San Francisco, Cal.: Jossey-Bass.
Lawler, E. E. III. (1992), *The ultimate advantage: Creating the high-involvement organization*, San Francisco, CA.: Jossey-bass.
Lawler, E. E. III., Hall, D. T. & Oldham, G. R. (1974), "Organizational climate: Relationship to organizational structure, process and performance", *Organizational Behavior and Human Performance*, 11, 139-155.
Lawler, E. E. III., Mohrman, S. A. & Ledford, G. E. Jr. (1995), *Creating high performance organizations: Practices and results of employee involvement and TQC in Fortune 1000 Companies*, San Francisco, CA.: Jossey-Bass.
Leana, C. R., Locke, E. A. & Schweiger, D. M. (1990), "Fact and fiction in analyzing research on participative decision making: A critique of Cotton, Vollrath, Froggatt, Lengnick-Hall, and Jennings", *Academy of Management Review*, 15, 137-146.
Leventhal, G. S. (1976), "The distribution of rewards and resources in groups and organizations", in L. Berkowitz & E. Walster (Eds.), *Advances in Experimental Social Psychology*, Vol. 9, New York: Academic Press, pp.91-131.
Leventhal, G. S. (1980), "What should be done with equity theory?: New approach to the study of fairness in social relationships, in K. Gergen, M. Greenberg & R. Willis (Eds.), *Social exchange: Advances in theory and research*, Plenum Press, pp.27-55.
Likert, R. (1961), *New patterns of management*, New York: McGraw-Hill.(リカート, R. 三隅二不二（訳）(1964),『経営の行動科学：新しいマネジメントの探求』ダイヤモンド社。)
Likert, R. (1967), *The human organization: Its management and value*, New York: McGraw-Hill.(リカート, R. 三隅二不二（訳）(1968),『組織の行動科学：ヒューマン・オーガニゼーションの管理と価値』ダイヤモンド社。)
Lincoln, J. R. & Kalleberg, A. L. (1990), *Culture, control, and commitment: A study of work organization and work attitudes in the United States and Japan*, Cambridge, MA.: Cambridge Univ. Press.
Lind, E. A. & Tyler, T. R. (1988), *Social psychology of procedural justice*, New York: Plenum.(リンド, E. A. & タイラー, T. R. 菅原郁夫・大渕憲一（訳）(1995),『フェアネスと手続きの社会心理学：裁判、政治、組織への応用』ブレーン出版。)
Litwin, G. H. & Stringer, R. A., Jr. (1968), *Motivation and organizational climate*, Boston: Harvard

University.(リットビン,G. H. & ストリンガー, R. A. 占部都美・井尻昭夫(訳)(1985),『経営風土』白桃書房。)
Luhmann, N. (1964), *Funktionen und folgen formaler organisation*, Berlin.: Duncker & Humblot. (ルーマン, N. N. 沢谷豊・関口光春・長谷川幸一(訳)(1992/1996),『公式組織の機能とその派生的問題 上・下』新泉社。)
Luhmann, N. (1968), *Zweckbegriff und systemrationalität: über die funktion von zwecken in sozialen systemen*, Tübingen: J.C.B. Mohr (Paul Siebeck).(ルーマン, N. 馬場靖雄・上村隆広(訳)(1990),『目的概念とシステム合理性:社会システムにおける目的の機能について』勁草書房。)
MacDuffie, J. P. (1995), "Human resource bundles and manufacturing performance: Flexible production systems in the world auto industry", *Industrial and Labor Relations Review*, 48, 197-221.
Massimino, P. & Kopelman, R. E. (2012), "Management Practices and Organizational Performance: A Longitudinal Analysis using Cross-Lagged Data", *Journal of Global Business Management*, 8, 58-65.
Masterson, S. S., Lewis, K., Goldman, B. M. & Taylor, M. S. (2000), "Integrating justice and social exchange: The differing effects of fair procedures and treatment on work relationships", *Academy of Management Journal*, 43, 738-748.
松井賚夫(1965),『賃金,昇進制度とモラール 労働法学研究会報』, 16 (20), 1-36。
McGregor, D. (1960), *The human side of enterprise*, New York: McGraw-Hill.(マクレガー, D. 高橋達男(訳)(1970),『企業の人間的側面』産業能率短期大学。)
McMahan, G. C., Virick, M. & Wright, P. (1999), "Alternative theoretical perspectives for strategic human resource management revisited: Progress, problem, and prospects", in P. M. Wright et al. (Eds.), *Research in personnel and human resources management*, suppl. 4: Research annual, pp.99-122.
Meyer, M. W. & Gupta, V. (1994), "The performance paradox", *Research in Organizational Behavior*, 16, 309-369.
Michie, J. & Sheehan-Quinn, M. (2001), "Labour market flexibility, human resource management and corporate performance", *British Journal of Management*, 12, 287-306.
Miles, R. & Snow, C. (1984), "Designing strategic human resource systems", *Organizational Dynamics*, 31, 36-52.
Milgrom, P. & Roberts, J. (1992), *Economics, organization, and management*, Englewood Cliffs, N.J.: Prentice-Hall.(ミルグロム, P. & ロバーツ, J. 奥野正寛他(訳)(1997),『組織の経済学』NTT出版。)
三品和広(2004),『戦略不全の論理―慢性的な低収益の病からどう抜け出すか―』東洋経済新報社。)
守島基博(1995), "Embedding HRM in a social context", *British Journal of Industrial Relations*, 33, 617-640.
守島基博(1996),「人的資源管理と産業・組織心理学:戦略的人的資源管理論のフロンティア」『産業・組織心理学研究』, 10, 3-14。
Morishima, M. (1996), "Evolution of White-Collar HRM in Japan", in D. Lewin, B. E. Kaufman & D. Sockell (Eds.), *Advances in Industrial and Labor Relations*, Vol. 7, Greenwich, CT: JAI Press, pp.145-176.
守島基博(1999), "Strategic Diversification of Japanese HRM", in P. Wright, L. Dyer, J. Boudreau & G. Mikovich (Eds.), *Strategic human resources management in the twenty-first century*, (Research in Personnel and Human Resource Management, Supplement 4), Greenwich, CT:

JAI Press, pp.329-352.

Mossholder, K. W., Bennett, N. & Martin, C. L. (1998), "A multilevel analysis of procedural justice context, *Journal of Organizational Behavior*, 19, 131-141.

中島義明他（編）(1999),『心理学辞典』有斐閣。

O'Reilly, C. & Pfeffer, J. (2000), *Hidden value: How great companies achieve extraordinary results with ordinary people*, Boston, Mass.: Harvard University Press.（オライリー, C. & フェファー, J. 廣田里子・有賀裕子（訳）(2002),『隠れた人材価値：高業績を続ける組織の秘密』翔泳社。）

大渕憲一 (1998),「手続き的公正を超えて：社会集団の理論へ」田中堅一郎（編著）『社会的公正の心理学』ナカニシヤ出版, 83-103 頁。

大渕憲一（編著）(2004),『日本人の公正観：公正は個人と社会を結ぶ絆か？』現代図書。

大谷和大 (2014),「階層線形モデル、マルチレベル構造方程式モデル」小杉考司・清水裕士（編著）,『M-plus と R による構造方程式モデリング入門』北大路書房, 208-227 頁。

大湾秀雄 (2017),『日本の人事を科学する 因果推論に基づくデータ活用』日本経済新聞出版社。

岡本大輔・古川靖洋・佐藤和・安國煥・山田敏之 (2009),「続・総合経営力指標 コーポレートガバナンス・マネジメント全般と企業業績 2008」『三田商学研究』, 52, 77-98。

Ostroff, C. (1992), "The relationship between satisfaction, attitudes, and performance: An organizational-level analysis", *Journal of Applied Psychology*, 77, 963-974.

Ostroff, C. & Bowen, D. E. (2000), "Moving HR to a higher level: HR practices and organizational effectiveness, in K. J. Klein & S. W. J. Kozlowski (Eds.), *Multilevel theory, research, and methods in organizations: Foundations, extensions, and new directions*, San Francisco: Jossey-Bass, pp.211-266.

Ostroff, C., Kinicki, A. J. & Tamkins, M. M. (2003), "Organizational culture and climate", in W. C. Borman, D. R. Ilgen & R. J. Klimoski (Eds.), *Handbook of psychology, Volume 12: Industrial and organizational psychology*, New York: Wiley, pp.565-593.

Ostroff, C. & Schmitt, N. (1993), "Configurations of organizational effectiveness and efficiency", *Academy of Management Journal*, 36, 1345-1361.

Ouchi, W. G. (1977), "The relationship between organizational structure and organizational control", *Administrative Science Quarterly*, 20, 95-113.

Ouchi, W. G. (1979), "A Conceptual Framework for the Design of Organizational Control Mechanisms", *Management Science*, 25, 833-848.

Ouchi, W. G. (1980), "Markets, bureaucracies, and clans", *Administrative Science Quarterly*, 25, 129-141.

Ouchi, W. G. & Johnson, J. B. (1978), "Types of organizational control and their relationship to emotional well-being", *Administrative Science Quarterly*, 23, 91-110.

Ouchi, W. G. & Maguire, M. A. (1975), "Organizational control: Two functions", *Administrative Science Quarterly*, 20, 559-569.

Ouchi, W. & Price, R. L. (1978), "Hierarchies, clans, and theory Z: A new perspective on organization development", *Organizational Dynamics*, 7, 24-44.

Panayotopoulou, L., Bourantas, D. & Papalexandris, N. (2003), "Strategic human resource management and its effects on firm performance", *The International Journal of Human Resource Management*, 14, 680-699.

Polanyi, M. (1966), *The tacit dimension*, Gloucester, Mass.: Peter Smith.（ポランニー, M. 高橋勇夫（訳）(2003),『暗黙知の次元』筑摩書房。）

Prahalad, C. K. & Hamel, G. (1990), "The core competence of the corporation", *Harvard Business*

Review, 68, 79-91.
Prichard, R. D. (1994), "Decomposing the productivity linkages paradox", in D. H. Harris (Ed.), National Research Council (1994), *Organizational linkages: Understanding the productivity paradox*, Washington, DC, US: National Academy Press, pp.161-192.
Priem, R. L. & Butler, J. E. (2001a), "Tautology in the resource-based view and the implications of externally determined resource value: Further comments", *Academy of management review*, 26, 57-66.
Priem, R. L. & Butler, J. E. (2001b), "Is the resource-based "view" a useful perspective for strategic management research?", *Academy of management review*, 26, 22-40.
Quinn, R. E. & Rohrbaugh, J. (1983), "A spatial model of effectiveness criteria", *Management Science*, 29, 363-377.
Ramsay, H., Scholarios, D. & Harley, B. (2000), "Employees and high-performance work systems: Testing inside the black box", *British Journal of industrial relations*, 38, 501-531.
Reeves, T. K. & Woodward, J. (1970), "The study of managerial control", in J. Woodward (Ed.), *Industrial organization: Behavior and control*, Oxford: Oxford University Press, pp.37-56.
Rogers, E. W. & Wright, P. M. (1998), "Measuring organizational performance in strategic human resource management: Problems, prospects, and performance information markets", *Human Resource Management Review*, 8, 311-331.
Rousseau, D. M. (1985), "Issues of level in organizational research: Multi-level and cross-level perspectives", *Research in Organizational Behavior*, 7, 1-37.
Rousseau, D. M. (1988), "The construction of climate in organizational research", in C. L. Cooper & I. Robertson (Eds.), *International review of industrial and organizational Psychology*, John Wiley and Sons, pp.139-158.
Sabbagh, C. (2001), "A taxonomy of normative and empirically oriented theories of distributive justice", *Social Justice Research*, 14, 237-263.
Sagie, A. & Koslowsky, M. (1999), *Participation and empowerment in organizations: Modelling, effectiveness, and applications*, UK: Sage.
櫻井笑子・余合淳（2011），「ハイインボルブメント型HRMが組織パフォーマンスに与える影響：求職者が認知するレピュテーション視点の統合」『経営行動科学学会第14回年次大会発表論集』，406-411。
Schein, E. H. (1980), *Organizational psychology*, 3rd ed. Englewood Cliffs, NJ.: Prentice-Hall.（シャイン，E. H. 松井賚夫（訳）(1981)，『組織心理学』岩波書店。）
Schuler, R. S. & Jackson, S. E. (1987), "Linking competitive strategies with human resource management practices", *The Academy of Management Executive*, 1, 207-219.
Schuler, R. S. & Jackson, S. E. (2007), *Strategic human resource management*, 2nd. Malden, Mass.: Brackwell.
関口倫紀・林洋一郎（2009），「組織的公正研究の発展とフェア・マネジメント」『経営行動科学』，22(1)，1-12。
Sheppard, B. H., Lewicki, R. J. & Minton, J. W. (1992), *Organizational Justice: The search for fairness in the workplace*, New York: Maxwell Macmillan.
Shore, L. M. & Shore, T. H. (1995), "Perceived organizational support and organizational justice", in R. S. Cropanzano & K. M. Kacmar (Eds.), *Organizational politics, justice, and support: Managing the social climate of the workplace*, Quorum, pp.149-164.
Simon, H. A. (1996), *The sciences of the artificial*, Third ed. Cambridge, Mass.: MIT Press.

Snell, S. A. (1992), "Control theory in strategic human resource management: The mediating effect of administrative information", *Academy of Management Journal*, 35, 292-327.

Snell, S. A. & Youndt, M. A. (1995), "Human resource management and firm performance: Testing a contingency model of executive controls", *Journal of Management*, 21, 711-737.

Sweeney, P. D. & McFarlin, D. B. (1993), "Workers' Evaluations of the "Ends" and the "Means": An Examination of Four Models of Distributive and Procedural Justice", *Organizational Behavior and Human Decision Processes*, 55, 23-40.

高橋潔（1998），「企業内公平性の理論的問題」『日本労働研究雑誌』，460, 49-58。

竹内規彦（2005），「我が国製造企業における事業戦略、人的資源管理施策、及び企業業績：コンティンジェンシー・アプローチ」『日本労務学会誌』，7 (1), 12-27。

竹内規彦（2011），「日本企業における産業特性と高業績人材マネジメントシステム：米国研究の発展的リプリケーション」『組織科学』，44 (4), 39-51。

Tannenbaum, A. S. (1966), *The social psychology of work organization*, London: Tavistock.（タンネンバウム，A. S. 三隅二不二（訳）(1969)，『組織の心理』ダイヤモンド社。）

Thibaut, J. & Walker, L. (1975), *Procedural justice: A psychological analysis*, Hillsdale, NJ: Lawrence Erlbaum.

Thompson, J. D. (1967), *Organizations in action*, N.Y.: McGraw-Hill.（トンプソン，J. D. 高宮晋（監訳）鎌田伸一・新田義則・二宮豊志（訳）(1987)，『オーガニゼーション・イン・アクション：管理理論の社会科学的基礎』同文館。）

Tosi, H. L. (1992), *The environment/organization/person contingency model: A Meso approach to the study of organizations* (Monographs in Organizational Behavior and Industrial Relations, 14), Greenwich, Conn.: JAI Press.

東京都立労働研究所（1988），「中小企業における能力主義的管理と労使関係（その1）」『労使関係研究』，9, 1-204。

豊田秀樹（編著）(2007)，『共分散構造分析［Amos編］』東京図書。

Tyler, T. R. & Lind, E. A. (1992), "A relational model of authority in groups", *Advances in Experimental & Social Psychology*, 25, 115-191.

Vandenberg, R. J., Richardson, H. A. & Eastman, L. J. (1999), "The impact of high involvement work processes on organizational effectiveness: A second-order latent variable approach", *Group & Organization Management*, 24, 300-339.

Von Bertalanffy, L. (1968), *General systems theory: Foundation, developments, and applications*, N.Y.: George Braziller.（フォン・ベルタランフィー，L. 長野敬・太田邦昌（訳）(1973)，『一般システム理論：その基礎・発展・応用』みすず書房。）

脇坂明（2014），「中小企業に人事制度は必要か」『日本労働研究雑誌』，56, 73-81。

Walton, R. E. (1985), "From control to commitment in the workplace", *Harvard Business Review*, 63, 77-84.

渡辺深（1999），『「転職」のすすめ』講談社。

Watzlawick, P., Weakland, J. & Fisch, R. (1974), *Change: Principles of problem formation and problem resolution*, New York: W.W. Norton.（ワツラウィック，P., ウィークランド，J. H. & フィッシュ，R. 長谷川啓三（訳）(1992)，『変化の原理：問題の形成と解決』法政大学出版局。）

Way, S. A. & Johnson, D. E. (2005), "Theorizing about the impact of strategic human resource management", *Human Resource Management Review*, 15, 1-19.

Weick, K. E. (1977), "Re-punctuating the problem", in P. S. Goodman & J. M. Penning (Eds.), *New perspectives on organizational effectiveness*, San Francisco, CA: Jossey Bass, pp.193-225.

Weick, K. E. (1979), *The social psychology of organizing*, Second Ed. Reading, Mass.: Addison-Wesley. (ワイク, K. E. 金児暁嗣 (訳) (1980), 『組織化の心理学』誠信書房。)

Welbourne, T. M. & Andrews, A. O. (1996), "Predicting performance of initial public offerings: Should human resource management be in the equation?", *Academy of Management Journal*, 39, 891-919.

Wiener, N. (1961), *Cybernetics, or, Control and communication in the animal and the machine*, Second ed. Cambridge, Mass.: MIT Press. (ウィーナー, N. 池原止戈夫 [ほか] (共訳) (1962), 『サイバネティックス：動物と機械における制御と通信 第2版』岩波書店。)

Williamson, O. E. (1975), *Markets and hierarchies: Analysis and antitrust implications*, N.Y.: Free Press. (ウィリアムソン, O. E. 浅沼万里・岩崎晃 (訳) (1980), 『市場と企業組織』日本評論社。)

Wood, S. & Menezes, L. (1998), "High commitment management in the U.K.: Evidence from the workplace industrial relations survey, and employers' manpower and skill practices survey", *Human Relations*, 51, 485-515.

Wood, S., Van Veldhoven, M., Croon, M. & de Menezes, L. M. (2012), "Enriched job design, high involvement management and organizational performance: The mediating roles of job satisfaction and well-being", *Human relations*, 65, 419-445.

Wright, P. M., Dunford, B. B. & Snell, S. A. (2001), "Human resources and the resource based view of the firm", *Journal of Management*, 27, 701-721.

Wright, P. M. & Gardner, T. M. (2003), "The human resource-firm performance relationship: Methodological and theoretical challenges", in D. W. Holman, D. Toby, C. W. Clegg, P. Sparrow. & A. Howard (Eds.), *The new workplace: A guide to the human impact of modern working practices*, Chichester: Wiley, pp.311-328.

Wright, P. M., Gardner, T. M., Moynihan, L. M. & Allen, M. R. (2005), "The relationship between HR practices and firm performance: Examining causal order", *Personnel Psychology*, 58, 409-446.

Wright, P. M. & McMahan, G. C. (1992), "Theoretical perspectives for strategic human resource management", *Journal of Management*, 18, 295-320.

Wright, P. M., McMahan, G. C. & McWilliams, A. (1994), "Human resources and sustained competitive advantage: Resource-based perspecitve", *International Journal of Human Resource Management*, 5, 301-326.

Wright, P. M. & Sherman, W. S. (1999), "Failing to find fit in strategic human resource management: Theoretical and empirical problems", in P. M. Wright et al. (Eds.), *Research in personnel and human resources management*, suppl. 4: Research annual, pp.53-74.

Wright, P. M. & Snell, S. A. (1991), "Toward an integrative view of strategic human management", *Human Resource Management Review*, 1, 203-225.

Wright, P. M. & Wendy, R. B. (2002), "Desegregating HRM: A Review and Synthesis of Micro and Macro Human Resource Management Research", *Journal of Management*, 28, 247-276.

山岸俊男 (1990), 『社会的ジレンマのしくみ：「自分1人ぐらいの心理」の招くもの』サイエンス社。

安冨歩 (2006), 『複雑さを生きる：やわらかな制御』岩波書店。

Youndt, M. A., Snell, S. A., Dean, J. W., Jr. & Lepak, D. P. (1996), "Human resource management, manufacturing strategy, and firm performance", *Academy of Management Journal*, 39, 836-866.

索　引

欧文

「HRM-FP」研究　9, 12-13, 26, 33, 35-36, 45-46, 48, 71-73, 85, 92-94, 145-147, 149-150
SWOT 分析　18-19
voice 効果　67
VRIO フレームワーク　20, 26

和文

【ア行】

アウトプットコントロール　54, 56
因果関係の認識論　30
因果のネットワーク　30, 34, 145, 148
インプットコントロール　54, 56
エージェンシー理論　56-57
円環的因果関係　30
オープンシステム　32, 38, 54

【カ行】

過程コントロール　67-68
官僚制コントロール　54, 57-58, 61-62
企業業績　4-10, 12-13, 24, 33, 35-36, 45-48, 50, 58, 60-61, 63, 71, 74-75, 77, 79-80, 82-88, 92-94, 98, 100-103, 109, 111-114, 124-125, 127-128, 130-131, 133, 136-139, 141-148
機能主義　44
逆説的業績モデル　34, 45
逆説（paradoxical）モデル　89, 93
業績問題　13, 146, 149
競争優位　17-21, 23-24, 26, 144
クラスター分析　101, 104-105, 116, 122, 135
クラン　55
　──コントロール　54, 57-58, 62
クローズドシステム　32, 53
クロスレベル　73
　──分析　73
　──モデル　77-78
経営資源　17-18, 20-21, 144
形態（configrational）アプローチ　7
行為システム　38-39
後援者（constituency）モデル　89
高業績労働施策群（high-performance work practices: HPWPs）　6, 130-131, 146
高業績労働システム（high-performance work systems: HPWS）　7, 25, 131
交差遅れ分析　114, 125, 127-128, 133, 147
交差遅れモデル　117
公式化　39, 41-43, 46-47
公式組織　39, 41-43
構成概念の妥当性　13
公正過程効果　69
公正知覚　59, 64, 66-68, 71, 73, 80, 83, 132, 135-138, 142
「公正の絆」仮説　83
公正風土　83
構成（composition）モデル　76-77
行動アプローチ　11, 48, 50, 74-75, 78, 84, 128, 130, 132, 145-146, 148
行動コントロール　53, 56
衡平分配　66
衡平理論　66, 68-69
効率性　19, 56, 60, 89-90, 146
「コーポラティズム」モデル　97, 99, 103
コミットメント　2, 48, 58, 79-80, 100, 110
コミュニケーション　27-28, 42, 48
雇用関係　1
コンティンジェンシー要因　26, 55, 57, 62, 99, 145
コントロール　51-55, 58-62, 80, 145
　──モデル　32, 50-52, 55-61, 63, 74, 79-80, 145, 146

【サ行】

最大化モデル　88

サイバネティックス　11, 27-28, 30-31, 33-37, 50, 145, 147-148
参加的経営　78
　　──論　6-7, 130
参加への動機づけ　42, 48
仕事への動機づけ　42, 48, 81, 132, 135-138
市場コントロール　54, 57-58
「市場と階層組織」アプローチ　57-58
システム　29-30, 32, 36-49, 58-59, 72, 78, 146
　　──合理性　40-41, 45, 145, 149-150
　　──戦略　40
　　──の公正　72
自然システムモデル　41, 90-91
持続的競争優位　4, 19-20, 22-24, 26
社会システム　39-41, 43-44, 145
　　──自体の変動の問題　43
　　──の影響力問題　42
　　──の公式化による派生的問題　43
　　──の適応問題　41
　　──の動機づけ問題　41
　　──の統合問題　41
　　──理論　37
社会的交換理論　66, 71
従業員の動機づけ　142-143
集団価値モデル　67-68, 70
条件プログラミング　40, 45
情報　27-28
　　──的公正　65
人事管理（Personnel Management）　1-2, 127
人的資源管理（Human Resources Management：HRM）　1-5, 11, 13, 24-25, 33, 35-36, 45-48, 50, 52, 55, 58, 60, 63-64, 66, 74-75, 80-86, 93-94, 114, 127, 137, 141, 144-145, 149-150
　　──施策　4-6, 8-10, 12-13, 24-25, 48, 50, 52-55, 63, 71, 73-74, 77-79, 81-83, 93, 97, 99-101, 110, 113-114, 116-117, 120, 122-123, 125-129, 131-136, 141, 144-145, 147-148
　　──システム　2, 4, 6, 9, 50, 55, 59, 61, 71-72, 79-80, 98-105, 107-113, 123-125, 127, 130, 132-133, 137-139, 141-142, 145, 147
　　──の逆機能　46, 145
　　──の順機能　46
　　──の垂直的適合　8
　　──ポリシー　99-100, 102-105, 107-108, 110-111, 115-116, 134
人的資源プール　22-25
人的資本　18, 60, 83-84, 144
垂直的適合　3-4, 10, 144
水平的適合　3-4, 10, 55, 98, 123, 144
成員資格による動機づけ　42
制御　27, 29-32
　　──技術　31
政治的モデル　88, 91
生態システム　35-36, 145
選択バイアス　128, 142
戦略コンティンジェンシー理論　5, 77
戦略的人的資源管理（Strategic Human Resources Management：SHRM）　2-4, 22, 24, 47, 50, 64, 71-72, 74-75, 81-83, 127, 144, 147
　　──施策　8
　　──論　4, 10-11, 13, 52, 63, 74, 81, 84, 113, 129-130, 144, 147
相互作用的公正　65, 70-71
組織　32, 34-37, 39, 44, 46, 49-54, 58, 60-61, 64, 66, 70-73, 76, 78, 86-87, 89-91, 145, 148-150
　　──学習　33, 76
　　──コミットメント　48-49, 58, 62, 70, 109-110, 132, 135-138, 145
　　──資本　18-19
　　──的公正　63-66, 71, 83
　　──的公正モデル　63, 71-73, 80, 83, 145-146
　　──的公正理論　59, 63
　　──風土　25, 81, 128, 132, 149
　　──風土媒介モデル　81, 83, 112, 132
　　──有効性　41, 45, 86, 90-93

【タ行】

対人的公正　65
タイプZ　54, 61
対立（contradiction）モデル　92-93
単一ループ学習　33
知識・技能・能力（KSAs）　5, 22, 78, 130, 142
手続き的公正　65, 68-71
　　──の6つのルール　67
伝統的なHRMポリシー　99-100, 103, 110,

112, 119
動機づけ　42, 48-49, 54, 79, 98, 103, 130-132
道具的過程コントロール　67
取引コスト理論　50, 57

【ナ行】

二重ループ学習　33-34, 36
日本的なHRMポリシー　120
ネガティブ・フィードバック　28-29, 35, 148

【ハ行】

パーソナリティシステム　39
ハーバード学派　2-3
「ハイ・インボルブメント」モデル　7, 74, 78,
　　97-104, 108-109, 111-113, 115, 123, 127,
　　131-132, 141, 146
ビジネスモデル　89
必要度分配　66
表現的過程コントロール　67-68
表現問題　42
平等分配　66
フィードバック　27-29, 31-33, 35, 94, 141, 145,
　　148
　　――制御　29, 32-33
フィードフォワード　29
物的資本　18
普遍的アプローチ　8

「ブラック・ボックス」問題　11, 21, 48, 130
プログラミング　40
分析レベル　12, 75
分配公正　65-68, 70
「ベスト・プラクティス」アプローチ　8
ポジティブ・フィードバック　29, 35

【マ行】

マクロ組織行動研究　71
マルチレベル構造方程式モデル分析　133, 136,
　　139, 147
マルチレベルモデル　77, 84
ミクロ組織行動研究　71
ミックスレベルモデル　76
目的合理性　40-41, 45
目的プログラミング　40, 45
目標モデル　41, 45, 90-91

【ヤ行】

役割行動パースペクティブ　5-6, 50, 74, 77-78
有効性　19, 89, 91-93, 146

【ラ行】

リソース・ベースト・ビュー（Resource-Based
　　View of the Firm：RBV）　11, 17-18,
　　20-22, 24-26, 78, 130, 144
レベル問題　13, 73, 75, 78-80, 83, 131, 146

著者紹介

小林　裕（こばやし・ゆたか）

1978年　東北大学大学院文学研究科博士前期課程修了
1984年　東北大学大学院文学研究科博士後期課程満期退学
　　　　労働省（現厚生労働省），法務省，祇園寺学園短期大学講師，
　　　　東北学院大学教養学部講師，助教授を経て
現　在　東北学院大学教養学部教授　博士（文学）（東北大学）
専門分野　組織心理学　人的資源管理論
　主著　「日本企業のキャリアシステム―機会と公正の社会心理学―」
　　　　（白桃書房，2004），「企業の人的資源管理システムと従業員の
　　　　職務態度の関係―公正風土のマルチレベル媒介効果の検証―」
　　　　（経営行動科学学会第20回大会優秀賞，2017）

戦略的人的資源管理の理論と実証
―人材マネジメントは企業業績を高めるか―

2019年2月28日　第1版第1刷発行		検印省略
著　者	小　林　　　裕	
発行者	前　野　　　隆	
発行所	東京都新宿区早稲田鶴巻町533 株式会社 **文　眞　堂** 電　話　03（3202）8480 FAX　03（3203）2638 http://www.bunshin-do.co.jp 郵便番号 $\binom{162-}{0041}$ 振替00120-2-96437	

製作・モリモト印刷
©2019
定価はカバー裏に表示してあります
ISBN978-4-8309-5021-6 C3034